일리아스 I
The Ilias

003 · 1/3

fly over an apartment with silver wings

일리아스 I

The Ilias

호메로스 지음
제미나이 · S 편역

복두(더)

서문 및 해설

1. 호메로스와 ≪일리아스≫의 탄생

≪일리아스≫는 대략 기원전 8세기에 활동한 고대 그리스 시인 호메로스의 서사시로 알려져 있다. 이 작품은 독창적인 상상력과 창조성이 '레게노'급이었다는 평가를 받으며, 호메로스를 모든 작가 중 가장 위대한 존재로 만들었다. 그의 작품은 마치 야생의 낙원처럼 무한한 아름다움, 생동감 넘치는 묘사 그리고 활기찬 영혼의 힘(vivida vis animi)을 고스란히 담고 있다.

호메로스의 플롯은 아킬레우스의 분노라는 짧고 단순한 주제에서 출발했지만, 이 작은 씨앗으로부터 놀랍도록 방대한 사건과 아킬레우스, 헥토르, 오디세우스 등 다양한 인물들의 성격을 세밀하게 묘사해냈다. 이 짜임새는 후대 서사시 작가들의 모범이자 원천이 되었다. 또한, 신들이 인간 세상에

개입하는 경이로운 우화는 시적 장치로서 작품의
위엄을 더해주었다.

2. 저작권 통일성 논쟁과 버클리의 견해

고대부터 '호메로스 문제'라 불리는 논쟁이
계속되었다. 과연 호메로스라는 한 개인이
≪일리아스≫와 ≪오디세이아≫를 썼을까, 아니면 여러
시인의 단편들을 후대에 짜깁기한 결과물일까? 17세기
말 벤틀리나 19세기 울프 같은 학자들은 작품의
통일성에 의문을 제기하며, 구전되던 노래들이 기원전
6세기경에 비로소 하나의 서사시 형태로 엮였다는
가설을 내놓았다.

하지만 이 서문의 저자인 알로이스 버클리 목사는
시의 '통일성'에 대한 강한 확신을 드러낸다. 그는
미세한 언어 분석보다는 시가 전달하는 깊은 감동과
영혼의 즉각적인 깨달음에 호소했다. ≪일리아스≫
같은 작품은 여러 단편의 모음이 아닌, 하나의 위대한
원칙과 거대한 비전을 가진 단 한 작가의 작품에서만

탄생할 수 있다는 것이다. 호메로스를 오랫동안 진심으로 읽는 독자라면, 이 작품이 인류에게 가장 큰 영향을 미친 위대한 작가의 '갓생'이 담긴 작품이라는 확신을 갖게 될 것이라고 그는 결론지었다.

차례

1 아킬레우스의 분노: 신과 인간의 갈등 | 9
2 아가멤논의 꿈과 군대의 집결 | 57
3 메넬라오스와 파리스의 결투 | 90
4 휴전의 파기와 첫 번째 전투 | 108
5 디오메데스의 활약과 신들의 개입 | 122
6 글라우코스와 디오메데스,
  헥토르와 안드로마케의 일화 | 131
7 헥토르와 아이아스의 일대일 전투 | 148
8 두 번째 전투, 그리고 그리스인들의 고난 | 163
9 아킬레우스에게 사절단을 보내다 | 173
10 디오메데스와 오디세우스의 야간 모험 | 188
11 세 번째 전투, 그리고 아가멤논의 활약 | 196
12 그리스 성벽에서의 전투 | 204
13 포세이돈의 도움과 이도메네우스의 활약 | 212

1

아킬레우스의 분노: 신과 인간의 갈등

아킬레우스와 아가멤논의 다툼

트로이 전쟁 중 그리스군은 이웃 도시들을 약탈했다. 그곳에서 아름다운 포로 크리세이스와 브리세이스를 붙잡았는데, 크리세이스는 아가멤논에게, 브리세이스는 아킬레우스에게 돌아갔다. (TMI: 이때 아킬레우스는 군대 내에서도 명실상부한 '육각형 인간'으로 통했다.)

크리세이스의 아버지이자 아폴론 신의 사제인 크리세스가 딸을 되찾기 위해 그리스 진영으로 찾아왔다. 트로이 포위전 10년째, 서사시의 서막이 열리는 순간이었다.

사제의 간청을 아가멤논이 '킹받네' 소리가 나올 만큼 거만하게 거절하자, 사제는 자신의 신에게 복수를 빌었다. 아폴론 신은 그리스군에게 전염병을 내렸다. 아킬레우스는 회의를 소집해 예언자 칼카스에게 그 원인을 밝히도록 했다. 칼카스는 크리세이스를 돌려보내지 않은 것이 원인이라고 말했다.

왕은 어쩔 수 없이 포로를 돌려보내야 했고, 이에 격분하여 아킬레우스와 격렬하게 다퉜다. 노장 네스토르가 분쟁을 진정시키려 했지만, 아가멤논은 군대의 절대적인 지휘권을 이용해 복수심에 불탄 나머지 아킬레우스의 몫이었던 브리세이스마저 빼앗아버렸다. (이것이 바로 '갑분싸'를 넘어 '스불재'로 가는 길이었다.)

  분노에 찬 아킬레우스는 자신과 그의 부대(미르미돈)를 다른 그리스군으로부터 철수시켰다. 그는 어머니 테티스에게 이 불의를 하소연했다. 테티스는 제우스에게 아킬레우스에게 가해진 모욕을 깨닫게 하기 위해, 한동안 트로이군에게 승리를 주도록 간청했다. 제우스는 그녀의 청을 들어주었고, 이는 다시 헤라의 질투를 불러왔다. 두 신의 논쟁은 거세졌지만, 헤파이스토스의 재치 있는 중재로 화해하게 되었다.

아킬레우스의 분노

 하늘의 여신이여, 아킬레우스의 분노를 노래해 주십시오!

 그리스에 셀 수 없이 많은 비통함을 안겨준 그 끔찍한 분노를!

 그 분노가 수많은 위대한 장수들의 영혼을

 때 이른 죽음으로 몰아 지하 세계로 보냈습니다.

 그들의 시신은 묻히지 못한 채 벌거벗은 해변에 버려져, 탐욕스러운 개들과 굶주린 독수리들의 먹이가 되었지요.

 위대한 아킬레우스와 아가멤논이 다투기 시작했을 때부터, 그것이 바로 주권자의 심판이었고 제우스의 뜻이었으니!

 오, 뮤즈여!

 어떤 불운한 시간에 그 격렬한 다툼이

시작되었는지,

　어떤 신의 분노로부터 레토의 아들 아폴론이
무서운 전염병을 퍼뜨려, 진영에 죽은 이들의 산을
쌓았는지 밝혀주십시오!

　인간들의 왕 아가멤논이 존경하는 사제를
모욕했고, 왕의 잘못 때문에 백성이 죽었다.

사제의 간청

　크리세스는 값비싼 선물로 승리자의 사슬에
묶인 그의 딸을 되찾으려 했다.
　그 존경스러운 아버지는 간청하며 서 있었으니,
아폴론의 위엄 있는 상징들이 그의 손을 빛냈다.
　그는 홀과 월계관을 내밀며 모두에게
호소했으나, 특히 아트레우스 가문의 왕자들에게

자비를 간절히 빌었다.

"왕들과 용사들이여! 그대들의 맹세가 이루어져, 오만불손한 트로이의 성벽이 땅에 무너지기를 바랍니다.

제우스께서 그대들의 노고가 끝났을 때 고향 해변의 즐거움으로 안전하게 돌려보내주시기를 기원합니다.

하지만 이 불쌍한 아버지의 고통을 덜어주어, 크리세이스를 이 팔에 다시 안겨주십시오.

자비가 부족하더라도 저의 선물이 그대들을 감동시키기를 바라며, 제우스의 아들 복수하는 포이보스 아폴론을 두려워하십시오."

그리스인들은 일제히 외치며 동의했다.

사제를 존경하고 그 아름다운 여인을 풀어주라고 입을 모았다.

하지만 아가멤논은 달랐다. 그는 왕의 오만함으로 성스러운 아버지를 내쫓으며 이렇게 대답했다. (이 대목, 정말 '고답이' 같았다.)

"당장 네 목숨을 걸고 이 적대적인 평원에서 떠나라.

건방지게 왕이 붙잡은 것을 요구하지 마라!

네 월계관과 황금 막대기를 가지고 떠나라.

네 신의 상징들을 너무 믿지 마라.

네 딸은 나의 것이며 나의 것으로 남을 것이다.

기도와 눈물, 뇌물은 헛되이 애원할 뿐이니, 시간이 그녀의 모든 젊음을 앗아가고, 늙음이 그녀를 나의 차가운 포옹에서 내보낼 때까지, 그녀는 매일 베틀의 노고에 고용되거나, 한때 그녀가 즐겼던 침대를 장식하는 신세가 될 것이다.

그러니 떠나라! 그 처녀는 아르고스로 물러가,

고향 땅과 눈물 흘리는 아버지에게서 멀어질 것이다."

아폴론의 복수

 사제는 떨리는 걸음으로 해변을 따라 돌아갔다.
 아버지의 고뇌 속에서 슬퍼하는 그의 마음에는 큰 '마상'이 있었다.
 낙담한 채 감히 불평하지 못하고, 파도 소리 나는 바닷가를 따라 조용히 헤매었다.
 그러다 안전한 거리에 이르러 그의 신에게 기도했으니, 세상에 그의 광선을 쏘아대는 그 신이었다.
 "오, 아름다운 레토의 후예 스민테우스여!
 거룩한 킬라의 수호신이여! 빛의 근원이시여!
 만약 제가 당신의 성스러운 신전에 화환을

걸거나, 죽은 소의 기름으로 불꽃을 먹여 드린 적이 있다면, 은활의 신이여! 당신의 화살을 사용하시어, 당신의 하인에게 복수하고 그리스인들을 멸망시키십시오."

크리세스는 이렇게 기도했고, 호의를 베푸는 신은 귀 기울였다.

올림푸스의 높은 봉우리에서 그는 내려왔다.

복수를 뿜어내며 그는 갑작스러운 밤을 퍼뜨렸고, 캄캄한 어둠이 그의 머리 위로 굴러갔다.

그리스인들의 심장을 꿰뚫기 위해 그의 활은 휘어졌고, 그가 격렬하게 움직이자 그의 은빛 화살들이 울렸다.

함대가 보이는 곳에서 그는 그의 치명적인 활을 울렸고, 쐐액 소리를 내며 깃털 달린 운명들이 아래로 날아갔다.

노새와 개들에게 먼저 전염병이 시작되었고, 마침내 복수심에 가득 찬 화살들이 인간에게 박혔다.

아홉 밤 동안 어두운 공기 전체를 통해, 두꺼운 불길을 내는 장작더미들이 음산한 섬광을 쏘았다. (온 진영이 '이생망'을 외칠 지경이었다.)

칼카스와 예언

하지만 열 번째 날이 되기 전에, 헤라의 영감으로 테티스의 신과 같은 아들, 아킬레우스가 모든 그리스인들을 회의에 소집했다.

여신은 죽은 그녀의 영웅들 때문에 매우 슬퍼했기 때문이다.

모두가 자리에 앉자, 나머지 사람들 위로 일어나, 아킬레우스가 인간들의 왕에게 이렇게 말을 건넸다.

"우리가 왜 이 치명적인 트로이 해변을 떠나지 않고, 전에 건넜던 바다를 다시 되돌아가지 않는 것입니까? 전염병이 칼이 살려둘 자들을 죽이고 있으니, 이제 전쟁의 몇 안 남은 자들을 구할 때입니다. 하지만 어떤 예언자나 성스러운 현자가 위대한 아폴론의 분노의 원인을 탐구하게 하십시오. 혹은 신비로운 꿈으로 이 황폐한 복수를 제거하는 법을 배우게 하십시오. 꿈은 제우스로부터 내려오기 때문입니다."

그가 말하고 앉자, 칼카스가 이렇게 대답했다.

지혜로운 칼카스, 그는 그리스의 사제이자 안내자였고, 과거, 현재 그리고 미래를 그의 포괄적인 시야로 알았던 성스러운 예언자였다.

천천히 일어선 그 존경스러운 현자는 나이의

신중함과 두려움을 담아 이렇게 말했다.

"제우스가 사랑하는 아킬레우스여! 당신은 왜 분노한 포이보스가 그의 치명적인 활을 휘두르는지 알고 싶습니까? 먼저 당신의 믿음을 주고 왕자로서 확실한 보호의 맹세를 당신의 힘과 검으로 맺어주십시오. 나는 지혜가 숨기려 하는 것을 말해야 하니, 위대한 이들에게 혐오스러운 진실을 드러내야 하기 때문입니다. 주제 넘는 백성이 너무 현명해져 군주에게 그의 오류가 어디 있는지 가르칠 때, 그것은 대담한 임무이니.

왜냐하면 우리는 그 짧은 생의 분노가 지나갔다고 생각할지라도, 그 강력한 이는 결국 복수할 것이기 때문입니다." ('걱정좌'의 모습이었다.)

이에 펠리데스 아킬레우스가 대답했다.

"당신의 영혼 깊은 곳에서 당신이 아는 것을 말하십시오. 그리고 통제 없이 말하십시오.

심지어 낮을 다스리는 그 신을 두고 맹세하건대, 아킬레우스가 이 생명의 공기를 마시는 한, 수많은 무리 중 어떤 대담한 그리스인도 그의 사제에게 불경한 손을 들지 않을 것입니다.

우리의 군대를 이끄는 그 족장조차도, 왕들의 왕일지라도 그 성스러운 머리를 건드리지 않을 것입니다."

이렇게 격려를 받자, 그 흠 없는 사람은 대답했다.

"지켜지지 않은 맹세나 무시된 희생 제물 때문이 아닙니다. 하지만 우리의 족장이 그 격분하는 역병을 도발했으니, 그의 상처 입은 사제에 대한 아폴론의 복수입니다. 신의 깨어난 분노는 멈추지 않을 것이고, 역병은 퍼지고 장례식의 불꽃은 증가할 것입니다. 그 위대한 왕이 몸값을 지불하지 않고 그 검은 눈의 처녀를 그녀의 고향 크리사로 보낼 때까지 말입니다. 어쩌면 추가적인 희생 제물과 기도로, 사제는 용서하고 신은 살려줄지도 모릅니다."

아킬레우스와 아가멤논의 충돌

예언자가 말했다. 그때 음산한 표정으로 그 군주는 그의 빛나는 왕좌에서 벌떡 일어섰으니, 검은 담즙이 분노로 끓어오르는 그의 가슴을 채웠고, 그의 눈에서는 살아있는 불꽃이 번쩍였다. (억텐이 폭발하는 순간이었다.)

"저주받은 점쟁이여! 역병의 예언자여! 항상 재앙을 선언하고, 항상 불길한 징조만 말하는구나!

항상 그 혀는 상처 주는 메시지만 가져와야 하고,
항상 네 사제다운 오만함이 네 왕을 도발해야
하는가?

 이것을 위해 포이보스의 신탁이 탐구되는가?
그리스인들에게 그들의 영주에게 불평하라고
가르치기 위함인가?

 내 황금 제안보다 하늘의 매력을 더 선호하기
때문에?

 얼굴만큼이나 행동에서도 비길 데 없는 처녀,
모든 기술에 능숙하고 모든 우아함으로 왕관을
썼으니, 클리타임네스트라의 매력도 그
절반만큼도 소중하지 않았으니!

 그래도 신들이 그녀를 요구한다면 그녀를
항해하게 하라.

 우리의 걱정은 오직 공공의 안녕만을 위한

것이다.

 내가 모든 것의 혐오스러운 원인으로 여겨지게 하고, 내 백성이 쓰러지는 것보다 차라리 내가 고통받게 하라.

 그 전리품, 그 아름다운 전리품을 나는 포기할 것이다. 그토록 소중하고 정당한 나의 것이지만.

 하지만 공공의 선을 위해 내가 그 아름다운 여인을 양보하니, 감사하는 그리스는 나의 개인적인 손실을 보상하라.

 그리고 보상받지 못한 채 너희들의 왕자가 불평하게 하지 마라. 그가 혼자서 헛되이 싸우고 피 흘렸다고."

 "만족을 모르는 왕이여!" 아킬레우스가 이렇게 대답했다. (아킬레우스의 '폼 미쳤다'는 기세가 느껴졌다.)

"권력을 좋아하지만 전리품은 더 좋아하는구나! 당신이 수 없이 잘 싸운 들판의 합법적인 전리품인 그리스인들이 그들의 정당한 전리품을 양보해야 한다고 원합니까?

함락된 도시들의 전리품과 죽은 용사들의 몫을 우리는 노고만큼이나 정의롭게 나누었습니다.

그러나 당신의 탐욕이 원하는 것은 무엇이든 되찾는 것은 폭군들의 속임수, 노예들이나 참을 수 있는 일입니다.

그러나 만약 우리의 족장이 오직 약탈을 위해 싸운다면, 제우스의 명령으로 우리의 정복하는 힘이 그녀의 높은 탑들을 먼지 속으로 무너뜨릴 때, 일리오의 전리품이 당신의 손실을 보상할 것입니다."

그러자 왕이 말했다.

"내가 나의 전리품을 순종적으로 포기하고 너는 너의 것을 소유해야 하는가?

네가 아무리 위대하고 싸움에서 신과 같을지라도, 나의 병사의 권리를 빼앗을 생각은 하지 마라.

네 요구에 내가 그 처녀를 돌려주어야 하는가? 먼저 정당한 대가를 지불하게 하라. 왕이 요구할 만한 것, 그리고 그녀에게 합당하고 나에게도 합당한 보물이 되게 하라.

그렇지 않으면 나에게 이것을 허락하거나, 왕의 권한으로 이 손이 다른 포로 여인을 빼앗을 것이다. 위대한 아이아스는 그의 전리품을 포기하게 될 것이다.

오디세우스의 전리품 혹은 심지어 너 자신의 것도 나의 것이 될 것이다.

고통받는 자는 큰 소리로 불평할 수도 있고, 그는 격노할 수도 있지만 헛되이 격노할 것이다.

하지만 이것은 시간이 요구할 때다. 이제 남은 것은 우리가 바다를 가를 배를 띄우고, 선택된 조타수들과 노 젓는 이들로 크리사의 해변으로 희생 제물을 실어 나르는 것이다."

이때 펠리데스는 엄하게 찌푸리며 대답했다.

"오만함과 오만으로 무장한 폭군이여! 이익의 영광 없는 노예여! 항상 기만과 결합된 왕다운 마음에 합당하지 않은 자여!

어떤 관대한 그리스인이 당신의 말에 순종하여 매복을 형성하거나 칼을 들겠습니까? 당신의 명령에 따라 제가 싸울 무슨 이유가 있습니까?

멀리 있는 트로이인들은 결코 저를 해치지 않았습니다. 우리는 자발적인 무리가 되어 여기로 항해했습니다. 사적인 복수를 위해, 공적인 잘못이 아니라.

이것이 우리의 피와 노고가 마땅히 받아야 할 대가입니까? 우리가 섬기는 자에게서 불명예를 당하고 상처 입는 대가입니까?

그리고 감히 당신이 저의 전리품을 빼앗으려 위협하는 것입니까?

하지만 알아두십시오. 오만한 군주여! 저는 더 이상 당신의 노예가 아닙니다. 저의 함대는 저를 테살리아의 해변으로 실어 나를 것입니다.

아킬레우스가 트로이 평원에서 떠났을 때, 아가멤논이 어떤 전리품, 어떤 정복을 얻겠습니까?"

이에 대해 왕은 말했다. (아가멤논은 '알빠노?'라는 태도였다.)

"날아라, 강력한 용사여! 날아가라!

우리는 너의 도움이 필요 없고, 너의 위협을 무시한다.

그런 대의를 위해 싸울 족장들은 부족하지 않으니, 그리고 제우스 자신도 왕의 권리를 지킬 것이다.

가라, 너의 땅에서 태어난 미르미돈들을 위협하라!

하지만 여기서는 왕자여, 위협하는 것은 나의 몫이고, 두려워하는 것은 너의 몫이다.

알아라, 만약 신이 그 아름다운 여인을 요구한다면, 나의 배는 그녀를 그녀의 고향 땅으로 실어 나를 것이다.

하지만 그때 준비하라, 거만한 왕자여! 준비하라! 네가 아무리 격렬할지라도, 네 포로인 아름다운 여인을 양보할 준비를.

　심지어 네 천막 안에서도 나는 그 꽃다운 전리품을 빼앗을 것이다. 빛나는 눈을 가진 네 사랑하는 브리세이스를.

　여기서 너는 나의 힘을 증명할 것이고, 내가 황제의 힘에 경쟁자로 섰던 그 시간을 저주할 것이다.

　그리고 여기서 우리의 모든 군대에게 알려지리라. 왕들은 신들에게만 복종한다는 것을."

아테나의 중재

　아킬레우스는 이 말을 듣고 슬픔과 분노에 휩싸였다. 그의 심장은 높이 부풀어 가슴 속에서 고통받았다.

　혼란스러운 생각들이 번갈아 그의 가슴을

다스렸으니, 분노에 불타오르고, 이제 이성에 의해
진정되었다.

그 생각은 그의 손이 치명적인 검을 뽑아,
그리스인들을 통해 뚫고 그들의 오만한 영주를
찔러 죽이도록 충동했다. (일촉즉발의
상황이었다.)

고뇌의 긴장 속에서 그가 머무르는 바로 그때,
반쯤 칼집에서 뽑혀진 빛나는 칼날이 나타났을 때,
아테나가 재빨리 위에서 내려왔다.

제우스의 누이이자 아내인 헤라가 보낸
것이었으니,(두 왕자 모두 그녀의 동등한 보살핌을
주장했기 때문이다) 그녀는 뒤에 서서 황금빛
머리카락으로 아킬레우스를 붙잡았다. 그에게만
드러냈으며, 검은 구름이 그녀를 나머지
사람들에게서 숨겼다.

그는 그녀를 보았고 여신에게 갑자기 외쳤으니, 그녀의 눈에서 번쩍이는 불꽃으로 인해 그녀를 알아보았다.

"아테나가 내려왔습니까? 그녀의 수호적 보살핌으로, 아트레우스의 아들에게서 제가 겪는 불의에 대한 하늘의 증인입니까? 그렇다면 그 대담한 죄를 본 그 눈들이 복수도 보도록 하십시오."

"그만두어라." 제우스의 자손이 대답했다.

"너의 분노를 진정시키기 위해 내가 하늘을 버리고 내려왔으니, 위대한 아킬레우스는 신들에게 맡겨져, 그의 마음에 대한 제국을 이성에게 양보하여라.

위엄 있는 헤라가 이 명령을 내렸으니, 왕과 너희 둘 다 하늘의 보살핌이다. 날카로운 비난의 힘을 그가 느끼게 하여라. 하지만 순종적으로 너의 복수하는 강철을 칼집에 넣어라.

왜냐하면 나는 선언하니(그리고 하늘의 힘을 믿으십시오), 너의 상처 입은 명예가 그 운명적인 시간을 가질 것이다.

오만한 군주가 너의 팔에 간청하고, 무한한 보물로 너의 우정을 매수할 그때를 말이다.

그러니 더 이상 복수가 우세하게 하지 말거라. 너의 열정을 통제하고 신들에게 복종하여라."

이에 펠리데스가 주의 깊은 귀로 대답했다.

"오, 여신이여! 저는 당신의 명령을 듣는 것이 정당합니다. 힘들지라도 저의 복수를 저는 억누르겠습니다. 신들을 존경하는 자들을 신들이 축복할 것입니다."

그는 말하고 나서 푸른 눈의 처녀를 관찰했다.

그런 다음 칼집에 빛나는 칼날을 다시 넣었다.

   여신은 높은 올림푸스로 재빨리 날아갔고, 하늘의 거룩한 의회에 합류했다.

아킬레우스의 맹세

   그러나 아직 그의 끓어오르는 가슴에서 분노가 떠나지 않았고, 아가멤논에게 이렇게 다시 격렬하게 말했다.

   "오, 오만함과 두려움이 뒤섞인 괴물이여! 이마는 개와 같으나 심장은 사슴과 같은 너! 언제 네가 매복된 싸움에서 대담하게 나섰거나, 고귀하게 전쟁의 끔찍한 전선에 맞서는 것으로 알려졌는가?

   들판에서 싸우는 기회를 시험하는 것은 우리의 몫이었다. 지켜보고 용맹한 자들에게 죽으라고 명령하는 것은 너의 몫이었다!

 네 백성의 재앙이여! 폭력적이고 비열한 자여! 이것이 너의 마지막이었으리!

 이제 이 신성한 홀을 두고 맹세하건대, (내가 너로부터 분리되듯이 몸통에서) 잘려져 다시는 잎이나 꽃을 맺지 않을 그 홀을 두고!

 이것을 두고 나는 맹세하노라. 피 흘리는 그리스가 다시 나 아킬레우스를 부를 때 그녀는 헛되이 부를 것이다.

 학살로 달아오른 헥토르가 와서 피로 물든 해변에 죽은 이들의 산을 펼칠 때, 그때 너는 너의 광기가 가했던 모욕을 슬퍼하게 될 것이다. 구원할 힘이 없을 때 한탄하도록 강요받으며.

 그때 네 영혼의 쓰라림 속에서 알게 되리라. 이 행동이 가장 용감한 그리스인을 너의 적으로 만들었음을!"

 그는 말했고, 분노에 차서 땅에 그의 황금 못 박힌 홀을 내던졌다.

 그런 다음 엄하게 침묵하며 앉았고, 똑같은 경멸로 분노한 왕은 다시 그의 찡그림을 되돌려주었다.

네스토르의 지혜

 그들의 열정을 연륜있는 말로 진정시키기 위해, 그의 자리에서 필로스의 현자가 천천히 일어섰으니, 설득에 능숙한 경험 많은 네스토르였다.

 꿀처럼 달콤한 말들이 그의 입술에서 흘러나왔다.

 이미 두 세대가 지나갔으니, 그의 규칙들로

현명했고 그의 통치로 행복했으니, 이제 세 번째의 본보기가 남아 있었다.

모두가 그 존경스러운 사람을 경외심으로 바라보았고, 그는 온화한 선의로 이렇게 시작했다.

"이것이 그리스에 무슨 수치, 무슨 비통함입니까?

트로이의 오만한 군주와 트로이의 친구들에게 무슨 기쁨이겠습니까!

적대적인 신들이 그리스 국가의 가장 훌륭하고 가장 용감한 이들을 엄격한 논쟁에 맡겼으니.

너희가 젊으니 이 젊은 열정을 억제하십시오. 네스토르의 나이와 지혜가 헛되다고 생각하지 마십시오.

나는 한때 신과 같은 영웅들의 종족을 알았으니, 나의 이 늙은 눈이 더 이상 볼 수 없는 그런 이들을!

이들과 함께 옛날에 전투의 노고로 길러져 어린 젊음 속에서 나의 강인한 날들을 보냈습니다.

그들은 가장 강한 사람들이었지요. 괴물들의 피로 붉게 물든 야생의 사막을 헤매고 다녔지요.

그러나 나는 이들을 부드럽고 설득력 있는 예술들로 흔들었습니다. 네스토르가 말했을 때 그들은 듣고 복종했습니다.

만약 나의 젊음 속에서 심지어 이들도 나를 현명하게 여겼다면, 젊은 용사들이여! 나의 나이의 조언을 들으십시오.

아가멤논이여! 그 아름다운 여종을 빼앗지 마십시오. 그것은 그리스인들이 공동의 투표로 준 전리품입니다.

그리고 너 아킬레우스여! 우리의 왕자를 오만하게 대하지 마십시오. 왕들은 정의로워야

하고, 주권적인 힘이 주재해야 합니다.

너를 전쟁의 첫 번째 명예들이 장식하고, 힘에서는 신과 같고 여신에게서 태어났으니, 그를 위엄 있는 장엄함이 땅의 힘들과 제우스의 홀을 가진 아들들 위로 높여줍니다.

둘 다 잘 동의하는 마음으로 연합하십시오. 그리하면 권위가 힘과 결합될 것입니다.

나에게 맡기십시오. 오, 왕이여! 아킬레우스의 분노를 진정시키는 것을. 당신은 나이가 더 들었으니 당신 자신을 다스리십시오.

신들이 금하노라! 아킬레우스가 잃어버려지는 것을, 그리스의 자랑이자 우리 군대의 성벽인 그가."

이 말을 마치고 그는 멈췄다. 인간들의 왕이 대답했다.

"너의 나이는 위엄 있고, 너의 말들은 현명하다. 그러나 그 거만하고 정복되지 않은 영혼을 어떤 법도 한정할 수 없고, 어떤 존경심도 통제할 수 없다. 그의 오만함 앞에 그의 상관들이 쓰러져야 하는가? 그의 말이 법이고 그가 모든 것의 영주인기?

우리 군대, 우리 족장들, 우리 자신이 그에게 복종해야 하는가? 어떤 왕이 그의 통치에 경쟁자를 견딜 수 있겠는가?

신들이 그의 비길 데 없는 힘을 주었다는 것을 인정하라. 더러운 비난이 하늘로부터 특권을 가졌는가?"

여기서 아킬레우스가 군주의 연설을 끊고, 격렬하게 이렇게 그리고 방해하며 말했다.

"폭군이여! 저는 당신의 쓰라린 사슬을 받을

만했고, 당신의 노예로 살며 여전히 헛되이
봉사했어야 합니다.

 제가 모든 불의한 명령에 복종해야 한다면
당신의 신하들에게 명령하십시오. 그러나
저에게는 명령하지 마십시오.

 브리세이스를 빼앗으라. 그러나 온순하게
되찾는 것을 보십시오.

 그리고 안전하게 빼앗아라. 아킬레우스는 더
이상 어떤 여자의 대의를 위해 그의 정복하는 칼을
뽑지 않을 것입니다.

 신들은 제가 과거를 용서하도록 명령합니다.
그러나 이 첫 번째 침입이 마지막이 되게 하십시오.
왜냐하면 알아두십시오! 다음 번에 당신이 감히
침입할 때 당신의 피는 나의 피 묻은 칼날에 복수
속에서 흐를 것입니다."

브리세이스의 이별과 아킬레우스의 슬픔

이때 그들은 멈췄다. 그 엄격한 논쟁은 끝났다. 족장들은 뚱한 위엄으로 물러났다.

아킬레우스는 파트로클로스와 함께 길을 나섰으니, 그의 천막 근처에 속이 빈 배들이 누워 있는 곳으로 향했다.

그동안 아가멤논은 수많은 노 젓는 이들로 잘 정비된 배 한 척을 크리사의 성스러운 해변을 위해 띄웠다.

갑판 높은 곳에 아름다운 크리세이스가 놓였고, 현명한 오디세우스가 그 임무를 맡아 빛났다.

다음으로 왕은 순수한 정화 의식과 엄숙한 기도로 군대가 속죄하도록 준비했다.

짠 파도에 씻겨진 경건한 무리는 정화되었고 정화 의식들을 바다에 던졌다.

그들이 성스러운 의식에 몰두하는 동안, 아가멤논은 여전히 깊은 분개로 격노했다.

그의 뜻을 기다리며 두 명의 성스러운 전령이 서 있었으니, 탈티비우스와 선량한 에우리바테스였다.

"맹렬한 아킬레우스의 천막으로 서둘러라." 그는 외쳤다.

"그곳에서 브리세이스를 우리의 왕의 전리품으로 데려와라. 그는 복종해야 한다. 만약 그들이 그녀를 보내려 하지 않는다면, 내가 직접 무장하고 그녀를 그의 심장에서 찢어버리겠다."

그 내키지 않는 전령들은 그들의 영주의 명령을 수행했다.

그들은 곰곰이 생각하며 메마른 모래밭을 따라 걸어갔다. 도착하여 그들은 영웅을 그의 천막

안에서 발견했으니, 음산한 모습으로 그의 팔에 기대어 있었다.

경외로운 거리에서 그들은 오랫동안 침묵하며 서 있었다.

이것을 그 신과 같은 사람은 인식했고 이렇게 온화한 어조로 시작했다.

"허락과 영광으로 우리의 거처로 들어오십시오. 인간들과 신들의 성스러운 하인들이여!

저는 당신들의 메시지를 아네. 당신들은 강요에 의해 왔네. 당신들이 아니라 당신들의 거만한 영주를 저는 비난하네.

파트로클로스여, 서둘러 아름다운 브리세이스를 데려오게. 나의 포로를 그 거만한 왕에게 인도하라."

이제 파트로클로스가 그 내키지 않는

아름다움을 데려왔다.

　브리세이스는 슬픔과 깊은 상념 속에서 아킬레우스를 바라봤다. 그녀의 눈빛에는 왕의 명령 때문이 아니라, 마치 '최애'를 잃은 듯한 깊은 상실감이 어려 있었다. 그녀는 아킬레우스의 강인함 뒤에 숨겨진 순수하고 따뜻한 마음을 이해했고, 그와 함께 했던 짧은 시간 속에서 싹트기 시작했던 풋풋한 정서적 교감의 소중함을 되새겼다. 그녀에게 아킬레우스는 단순히 주인이 아니라, '완내스(완전 내 스타일)'의 감정을 느끼게 해준 첫 사람이었다.

　전령들이 그녀의 손을 잡고 있는 동안 조용히 지나갔고, 그리고 해변을 따라 천천히 움직이며 자주 뒤돌아보았다.

　맹렬한 아킬레우스는 그의 손실을 그렇게 참지

않았다. 하지만 슬퍼하며 소리 내는 해변으로 물러나, 깊은 바다의 거친 가장자리 위로 몸을 숙였다.

테티스의 간청

거기서 분노와 경멸의 눈물에 젖어, 거센 바다에게 이렇게 큰 소리로 한탄했다.

"오, 어머니 여신이여! 일찍 꽃다운 젊음 속에 당신의 아들은 너무 가혹한 운명에 의해 쓰러져야 하니, 위대한 제우스께서는 정의로 이 짧은 기간을 장식했어야 합니다.

명예와 명성을 적어도 벼락을 던지는 신은 빚졌어야 합니다.

만약 저 오만한 군주가 이렇게 당신의 아들을 모욕하고, 저의 영광을 가리고 저의 전리품을 되찾는다면 말입니다."

 깊은 바다의 깊숙한 곳에서 멀리 떨어진 곳, 어머니 여신은 들었다. 파도들이 갈라졌고, 안개처럼 그녀는 조수 위로 솟아올랐다.

 그가 벌거벗은 해변에서 슬퍼하는 것을 보았고, 그의 영혼의 슬픔을 이렇게 물었다.

 "내 아들이 왜 슬퍼하느냐? 네 고통을 내가 나누게 해다오. 그 원인을 밝히고 부모의 보살핌을 믿으라."

 그는 깊이 한숨을 쉬며 말했다.

 "저의 비통함을 말하는 것은 당신이 너무 잘 아는 것을 언급하는 것뿐입니다. 아가멤논이 그 검은 눈의 처녀를 빼앗았습니다. 그리고 저의 용맹의 전리품을 저의 팔에서 가로챘습니다.

 하지만 여신이여! 당신은 당신의 간청하는

아들에게 귀 기울이십시오. 높은 올림푸스의 빛나는 궁정으로 올라가십시오. 벼락을 던지는 신에게 복수를 간청하십시오.

그리스 군대를 멀리 몰아내도록 그에게 간청하고, 그들을 그들의 함대와 바다로 머리부터 던져 버리고, 그리스인들이 그런 왕의 저주를 알게 하도록 말입니다."

"불행한 아들이여!" 아름다운 테티스가 이렇게 대답했다.

하늘의 눈물이 그녀의 눈에서 흘러내리는 동안이었습니다.

"왜 내가 너를 어미의 산고로 낳았고, 운명에 반하고 미래의 비통함을 위해 양육했는가?

복세편살하면 좋으련만, 하늘의 빛을 볼 그토록 짧은 시간! 그토록 짧은 시간! 그리고 슬픔으로 가득 차 있었으니!

   내가 할 수 있는 것을 너의 청원을 옮기기 위해 나는 갈 것이다. 그동안 너의 배들 안에서 안전하게 멀리서, 전투를 보라. 전쟁에 섞이지 말고."

신들의 회의와 헤파이스토스의 중재

   열두 날이 지나고, 이제 동이 트는 빛이 신들을 올림푸스의 높이로 소집했다.

   제우스는 물의 궁전에서 먼저 올라와, 하늘의 힘들의 긴 순서를 이끌었다.

   일찍이 아침 안개처럼, 바다의 딸 테티스가 바다에서 솟아올랐다.

   간청하는 여신은 그의 앞에 섰다. 한 손을 그의 수염 아래에 놓았고, 한 손은 그의 무릎을 껴안았다.

"오, 신들의 아버지여!" 그녀가 말했다.
"저의 아들이 이토록 가혹한 운명에 의해 일찍이 꽃다운 젊음 속에 쓰러져야 했으니, 위대한 제우스께서는 정의로 이 짧은 기간을 장식했어야 합니다.
저 오만한 군주가 이렇게 당신의 아들을 모욕하고, 그의 영광을 가리고 전리품을 되찾는다면 말입니다."
테티스는 이렇게 말했지만, 제우스는 침묵하며 그의 가슴의 성스러운 의회들을 감추었다.
그렇게 내쫓기지 않고 여신은 더 가깝게 다가갔고, 여전히 그의 무릎을 붙잡고 그 사랑하는 요청을 촉구했다.
"오, 신들과 인간들의 아버지여! 당신의 간청자를 들으십시오. 거절하거나 허락하십시오.

왜냐하면 제우스가 무엇을 두려워할 것입니까?"

그녀는 말했고, 한숨 쉬며 벼락을 아치형 하늘 위로 굴리는 신이 이렇게 대답했다.

"네가 무엇을 요구했는가? 아! 왜 제우스가 외국의 다툼과 가정의 분노에 휘말려야 하는가?

신들의 불평과 헤라의 맹렬한 경보들이 울리는 동안, 나는 너무 편파적으로 트로이군을 도울 때가라. 네 통치의 오만한 동반자가 질투하는 눈으로 너의 가까운 접근을 살피지 않도록."

그는 말했고, 위엄 있게 그의 검은 눈썹을 굽혔다.

그의 암브로시아 머리칼을 흔들고 끄덕였으니, 운명의 인장이자 신의 허락이었다. 높은 하늘은 떨림으로 그 무서운 신호를 받았고, 모든 올림푸스는 중심까지 흔들렸다.

여신은 재빨리 깊은 바다로 날아갔고, 제우스는 하늘의 별이 박힌 그의 저택으로 돌아갔다.

불멸자들의 빛나는 회의는 다가오는 신을 기다리고 거룩한 두려움 속에 침묵하며 일어났다.

그들은 떨며 서 있었으니, 제우스가 왕좌에 오르는 동안, 신들의 거만한 여왕, 헤라 혼자만 빼고였다.

최근에 그녀는 은빛 발의 그 여인(테티스)을 보았고, 그녀의 모든 열정이 불꽃으로 타올랐다.

"말하십시오, 하늘의 교활한 관리자여!" 그녀가 외쳤다.

"이제 누가 하늘의 비밀들을 공유합니까? 당신의 헤라는 운명의 명령들을 모르는구나. 헛되이 황제 국가의 동반자이네. 어떤 치명적인 호의를 여신은 얻었는가? 그녀의 맹렬하고 비정할 수 없는 아들에게 영광을 주기 위해?" (헤라는 질투심에 '억까'를 시전했다.)

그러자 신이 이렇게 말했다.

"오, 오만한 자의 불안한 운명이여! 하늘이 숨기기로 결심한 것을 배우려 애쓰는구나.

그 탐색은 헛되고 건방지고 혐오스럽네. 너에게는 불안하고 너의 영주에게는 혐오스럽네. 이것으로 충분하다. 그 변하지 않는 명령을 어떤 힘도 흔들 수 없다. 존재하는 것은 존재해야 하는 것이다.

여신이여! 복종하라. 그리고 감히 우리의 뜻에 맞서지 마라. 하지만 이 복수하는 손의 힘을 두려워하라."

벼락을 던지는 신은 말했다. 여왕은 감히 대답하지 않았다.

경외로운 공포가 모든 하늘을 침묵시켰다. (정말 '갑분싸' 그 자체였다.)

연회가 방해받고 슬픔에 잠긴 헤파이스토스는 보았다. 그의 어머니가 위협받고 신들이 경외심 속에 있는 것을.

그의 심장에 평화를 그리고 그의 구상에 즐거움을 가지고, 건축가 신이 이렇게 끼어들었다.

"신들이여! 필멸의 상태의 비참한 다툼들은 당신들의 논쟁에 합당하지 않네.

인간들은 그들의 날들을 무의미한 다툼 속에서 보내게 하라. 우리는 영원한 평화와 끊임없는 기쁨 속에서 살아야 하지 않는가?

너 어머니 여신이여! 우리의 아버지에게 순응하라. 그렇지 않으면 분노에 깨어나 그는 축복받은 거처들을 흔들고, 붉은 번개를 던지고 신들을 왕좌에서 끌어내릴지도 모른다."

헤파이스토스는 이렇게 말했고, 펄쩍 일어나
빛나는 넥타르로 잔을 채웠다.

그것을 헤라에게 쾌활한 방식으로 건네주며,
"여신이여!" 그가 외쳤다. "인내하고
복종하십시오."

헤파이스토스는 어색한 우아함으로 그의 임무를
수행했고, 꺼지지 않는 웃음이 하늘을 흔들었다.
(신들도 헤파이스토스의 모습에 '꿀잼'을 느꼈다.)

이렇게 축복받은 신들은 그 즐거운 날을
암브로시아 잔치와 천상의 노래들로길게 늘였다.

아폴론은 리라를 조율했고 뮤즈들은 주위에
목소리를 번갈아가며 은빛 소리를 도왔다.

태양이 지고, 신들은 그들의 별이 박힌 돔으로
떠났다.

제우스는 그의 침상에 그의 위엄 있는 머리를 기댔고, 그리고 헤라는 황금 침대에서 잠들었다.

2

아가멤논의 꿈과 군대의 집결

테티스의 간청을 들은 제우스는 아킬레우스가 전쟁에 불참하는 상황에서 그리스군이 얼마나 그의 부재를 절실히 느끼는지 깨닫게 하려고, 아가멤논에게 거짓 환상을 보냈다. 환상을 통해 아가멤논은 아킬레우스 없이도 트로이를 점령할 수 있다는 '근자감'(근거 없는 자신감)에 부풀었다.

하지만 그는 오랜 전쟁과 역병으로 군사들의

사기가 바닥났음을 알고 있었다. 아가멤논은 그리스 장병들에게 '중꺾마'(중요한 것은 꺾이지 않는 마음) 정신이 남아있는지 확인하기 위해 계략을 쓰기로 했다. 그는 왕자들을 불러 모아 계획을 설명했다. 병사들에게 귀국을 제안하고, 만약 그들이 동의하면 귀국을 믹아야 한다는 것이었다.

  아가멤논이 전군을 소집해 그리스로 돌아가자고 제안하자, 군사들은 만장일치로 동의하며 배를 준비하러 달려갔다. 오디세우스가 간신히 병사들을 저지시켰고, 특히 떠들어대는 병사 테르시테스에게 '팩폭'(팩트로 폭행)을 가하며 징벌했다. 군대는 다시 소집되었고, 영웅들의 연설이 이어졌다. 마침내 필로스의 현자, 네스토르의 조언에 따라 전투에 나서기 전 군대를 정렬하고 민족별로 나누어 총점호하기로 했다.

거짓된 꿈과 소집

이제 모든 필멸자의 눈을 즐거운 잠이 덮었고, 그리스 지도자들은 천막에 기대어 누워 있었다. 불멸의 신들 역시 그들의 왕좌에서 졸고 있었지만, 영원히 깨어있는 제우스의 눈만은 예외였다. 그는 테티스의 아들 아킬레우스를 존중하여 그리스인들을 전쟁의 고통에 빠뜨리려고 애쓰고 있었다.

그때 제우스는 헛된 유령에게 눈앞에 나타나 이렇게 명령했다.

"여기서 떠나거라, 기만적인 꿈이여! 공기처럼 가볍게 아가멤논의 넓은 천막으로 달려가거라. 그에게 군대를 무장시켜 전투에 나서게 하고, 그의 모든 그리스인들을 먼지 나는 평원으로 이끌라고 명령해라. 지금 당장 그에게 넓게 펼쳐진 트로이의 높은 탑들을 파괴하는 것이 허락되었노라 선언해라. 이제 더 이상 신들은 운명과 다투지 않으니, 헤라의 간청으로 하늘의 파벌 싸움은 끝났다. 피괴가 저 운명 지어진 성벽 위에 걸러 있고, 고개를 끄덕이는 일리온은 임박한 몰락을 기다린다."

그 말만큼이나 빠르게 헛된 환상은 날아갔다. 환상은 내려와 아가멤논의 머리 위에 머물렀으니, 지혜로 유명하고 나이로 존경받는 필로스의 현자 네스토르의 모습이었다. 그의 관자놀이 주위로 황금 날개를 펼친 아첨하는 꿈이 왕을 속였다.

"한 군주의 걱정들로 모두 짓눌린 당신, 오 아트레우스의 아들이여! 어찌하여 당신의 휴식을

취할 수 있습니까? 강력한 민족들을 인도하고,
회의에서 지휘하며 전쟁에서 주재하는 족장에게는
나태한 평온 속에서 긴 밤들을 낭비하는 것은
어울리지 않습니다. 군주여, 깨어나십시오! 저는
제우스의 명령을 나릅니다. 당신과 당신의 영광이
그의 하늘의 보살핌을 요구합니다. 정당한
대형으로 전투에 나설 무리를 이끌고, 당신의 모든
그리스인들을 먼지 나는 평원으로 이끄십시오.
지금 당장, 오 왕이여! 넓게 펼쳐진 트로이의 높은
탑들을 파괴하는 것이 당신에게 허락되었노라.
이제 더 이상 신들은 운명과 다투지 않으니, 헤라의
간청으로 하늘의 파벌들은 끝났습니다. 파괴가 저
운명 지어진 성벽 위에 걸려 있고, 고개를 끄덕이는
일리온은 임박한 몰락을 기다립니다.
깨어나십시오! 그러나 깨어나서 이 조언을

승인하고, 제우스로부터 내려온 환상을
믿으십시오."

그 유령은 말했다. 그런 다음 그의 시야에서
사라지고, 공기로 녹아들어 밤과 섞였다.

수많은 계획들이 군주의 마음을 사로잡았으니,
높은 생각 속에서 그는 점령되지 않은 트로이를
약탈했다. 그는 '갓생'(God+人生, 완벽한 인생)을
사는 것처럼 보였지만 허영심이 강했고 미래를
보지 못했다. 제우스와 비밀스러운 운명이 무엇을
구상했는지, 양쪽 군대에게 어떤 강력한 노고가
남아 있는지, 어떤 슬픔의 장면들과 죽은 이들의
수가 남아 있는지 보지 못한 채 말이다!

그는 열렬하게 일어나 상상 속에서 그의 귀에
천상의 목소리가 속삭이는 것을 들었다. 먼저 그의
사지에 가는 조끼를 입고, 그 다음 그의 주위로

왕의 망토를 던졌다. 수놓아진 샌들이 그의 발에 묶였고, 별이 박힌 초승달 모양의 검이 그의 옆에서 빛났다. 그리고 마지막으로 그의 팔은 거대한 홀을 들었으니, 더럽혀지지 않고 불멸이며, 신들의 선물이었다. "폼 미쳤다"(실력 상태가 절정이다)는 말이 절로 나오는 모습이었다.

이제 장밋빛 새벽이 제우스의 궁정으로 오르고, 빛을 들어 올리며 위에서 낮을 열었다. 왕은 그의 전령들에게 명령과 함께 급파하여 진영을 돌아다니며 모든 부대들을 소집하라고 했다. 모여드는 군대들은 군주의 말에 복종하고, 아가멤논은 함대를 향해 길을 굽혔다.

아가멤논의 시험

아가멤논은 그의 검은 배 안에서 필로스의 왕자,

네스토르를 발견했고, 거기서 주변의 귀족들의 의회를 소집했다. 모인 이들이 자리를 잡자, 인간들의 왕은 그의 교활한 가슴 속에서 고통받는 의회들을 표현했다.

"친구들과 동맹들이여, 주의 깊은 귀로 저의 말들을 받으십시오. 그리고 당신들이 듣는 것을 신뢰하십시오. 최근 제가 밤의 그늘 속에서 졸고 있을 때, 신성한 꿈이 저의 시야 앞에 나타났습니다. 그의 환상적인 형태는 네스토르와 같이 왔으니, 습관에서도 같고 태도에서도 같았습니다.

그 천상의 유령이 저의 머리 위로 맴돌았으니, '그리고 당신은 자고 있는가, 오 아트레우스의 아들이여?' 그는 말했습니다. '강력한 민족들을 인도하고, 회의에서 지휘하며 전쟁에서 주재하는 족장에게는 나태한 평온 속에서 긴 밤들을 낭비하는 것은 어울리지 않습니다. 군주여, 깨어나십시오! 저는 제우스의 명령을 나릅니다. 당신과 당신의 영광이 그의 하늘의 보살핌을 요구합니다. 정당한 대형으로 전투에 나설 무리를 이끌고, 그리스인들을 먼지 나는 평원으로 이끄십시오. 지금 당장, 오 왕이여! 넓게 펼쳐진 트로이의 높은 탑들을 파괴하는 것이 당신에게 허락되었노라. 이제 더 이상 신들은 운명과 다투지 않으니, 헤라의 간청으로 하늘의 파벌들은 끝났습니다. 파괴가 저 운명 지어진 성벽 위에 걸려 있고, 고개를 끄덕이는 일리온은 임박한 몰락을 기다립니다.'

'이것을 주의 깊게 듣고 신들에게 복종하십시오!' 그 환상은 말했습니다. 그리고 공기 속으로 사라졌습니다. 이제, 용맹한 족장들이여! 하늘 그 자체가 경보를 울리니, 연합하여 그리스의 아들들을 무장하도록 깨우십시오. 그러나 먼저 신중하게 아직, 그들이 무엇을 감행하는지 시험하십시오. 9년간의 실패한 전쟁으로 지쳐있으니 말입니다. 바다를 되돌아가도록 군대를 움직이게 하는 것은 저의 몫이고, 그들을 붙잡는 것은 당신들의 몫입니다."

그는 말하고 앉았다. 그때 네스토르가 일어나 말했다. (모래 왕국 필로스를 다스렸던 네스토르가,)

"그리스의 왕자들이여, 당신들의 충실한 귀를 기울이십시오. 신성한 힘들의 환상을 의심하지 마십시오. 군대를 다스리는 그에게 위대한 제우스가 보낸 것이니, 하늘이 금하노라! 이 경고가

헛되이 사라지는 것을! 그러니 우리 서둘러 신의
경보들에 복종하고, 그리스의 아들들을
무장하도록 연합합시다."

현자는 이렇게 말했다. 왕들은 지체 없이 의회를
해산하고 그들의 족장에게 복종했다. 홀을 든
통치자들이 이끌고 뒤따르는 군대는 수천 명씩
쏟아져 나와 해변 전체를 어둡게 했다. 목동이 바위
절벽에서 보는 것처럼, 무리들이 겹겹이 겹쳐서
몰려오는 벌들처럼, 구르고 검게 변하고 떼가 떼를
잇고 더 깊은 웅성거림과 더 쉰 경보들과 함께,
그들은 희미하게 퍼져 밀집된 군중을 이루고 계곡
위로 살아있는 구름이 내려왔다.

그렇게 천막들과 배들로부터 긴 행렬이 모든
해변에 퍼지고 넓게 평원을 덮었다. 지역을 따라
귀청이 터질 듯 한 소리가 흐르고, 그들의 발걸음

아래에서 떨리는 땅이 신음했다. 명성은 제우스의
전령 헤르메스보다 먼저 날아가고, 빛나게
솟아올라 위에서 그녀의 날개를 쳤다.

 이제 아홉 명의 성스러운 전령들이 큰 소리로
선포하고, 군주의 뜻을 경청하는 군중을 멈추게
했다. 군중들이 순서대로 정렬되어 나타나자마자,
그리고 희미한 웅성거림이 귀에서 사라지자,
왕들의 왕은 그의 위엄 있는 모습을 일으켰다. 그의
손에 높이 든 황금 홀이 불꽃처럼 빛났다.

 이 밝은 홀에 이제 왕이 기대어, 교활하게 이렇게
고안된 연설을 선언했다.

 "오 아레스의 아들들이여! 너희의 지도자의
보살핌을 나누십시오. 그리스의 영웅들이여,
그리고 전쟁의 형제들이여! 저는 편파적인
제우스에게 정의롭게 불평합니다. 그리고 하늘의

신탁을 헛되이 믿었습니다. 우리의 노고에 대한 안전한 귀향이 약속되었으니, 명성을 얻고 승리하고 전리품들로 부유해지는 귀향이 말입니다. 이제 수치스러운 비행만이 군대를 구할 수 있으니, 우리의 피, 우리의 보물 그리고 우리의 영광을 잃은 채로 말입니다. 그렇게 제우스는 명령합니다. 모든 것의 저항할 수 없는 영주시여! 그의 명령으로 온 제국들이 일어나거나 쓰러집니다.

그리스에 무슨 수치인가! 풍요로운 전쟁을 벌이다니, 오, 모든 미래 시대에 영원한 수치로다! 한때 무기에서 위대했던 우리는 흔한 경멸거리가 되었으니, 연약한 적에게 격퇴당하고 좌절당하면서 말입니다. 그들의 수는 너무나 적어서, 만약 전쟁이 멈추고 승리한 그리스가

일반적인 잔치를 연다면, 모두 열 명씩 순서대로
앉아 그들이 식사할 때, 열 명의 무리는 와인을
따를 트로이 노예가 부족할 것입니다. 그러나 다른
군사력들이 우리의 희망을 전복시켰고, 트로이는
그녀 자신의 군대가 아닌 군대들로 우세합니다.
 이제 이 전쟁의 노고가 처음 시작된 이래 위대한
제우스의 아홉 년이 지나갔습니다. 우리의 밧줄은
찢어지고 배들은 쇠퇴하여 누워 있고, 그리고 겨우
항해할 불쌍한 힘을 보장합니다. 그러니 서둘러
영원히 트로이 성벽을 떠나십시오! 우리의 눈물
흘리는 아내들, 우리의 부드러운 아이들이
부릅니다. 사랑, 의무, 안전, 우리를 떠나도록
소환하니, 그것은 자연의 목소리이고 우리는
자연에 복종합니다. 우리의 부서진 배들은 아직
우리를 바다 건너 실어 나를 수 있습니다. 안전하고

영광 없이 우리의 고향 해변으로 말입니다. 날아가라, 그리스인들이여! 날아가라! 너희의 돛과 노를 사용하라, 그리고 하늘이 수호하는 트로이에 대한 꿈은 더 이상 꾸지 마라."

  그의 깊은 의도를 알지 못한 채 군중들은 아가멤논의 연설을 승인했다. 그 강력한 무리들이 움직였다. 군사들은 "복세편살"(복잡한 세상 편하게 살자)하고 싶은 마음이 '찐텐'(진짜 텐션)으로 터져 나왔다. 그렇게 파도들이 이카리아 해변으로 굴러가니, 동쪽과 남쪽에서 바람들이 포효하기 시작할 때처럼, 그들은 희망에 부풀어 달려갔다.

오디세우스의 중재와 테르시테스의 최후

  심지어 그때 그리스인들은 적대적인 평원을

떠났을 것이고, 트로이의 몰락은 헛되이 결정되었을 것이다. 그러나 제우스의 제국적인 여왕, 헤라가 그들의 비행을 내려다보았고, 한숨 쉬며 이렇게 푸른 눈의 처녀(아테나)에게 말을 걸었다.

"그렇다면 그리스인들은 달아날 것인가? 오, 끔찍한 수치로다! 그리고 이 배신적인 종족을 벌하지 않은 채로 내버려 둘 것인가? 트로이는, 프리아모스는, 그리고 그 간음한 배우자는, 평화 속에서 깨어진 맹세들의 열매를 즐길 것인가? 서두르시오 여신이여! 서둘러 날아가는 군대를 붙잡아두어라, 그리고 어떤 돛도 바다 위로 올리지 않게 하라."

팔라스 아테나는 복종하고 올림푸스의 높이에서 재빨리 배들을 향해 그녀의 비행을 서둘렀다.

그녀는 공공의 보살핌에서 첫 번째였던 오디세우스를 발견했으니, 신들처럼 유명한 그의 신중한 조언으로 인함이다. 관대한 슬픔에 압도되어 영웅은 서 있었으니, 그의 검은 배들을 홍수 속으로 끌어내리지 않았다.

"이것이 그런가, 신성한 라에르테스의 아들이여? 이렇게 그리스인들은 달아나는가?" 호전적인 처녀가 시작했다. "이렇게 그들 자신의 불명예를 그들의 나라로 나르고, 프리아모스의 종족에게 영원한 명성을 남기는가? 아름다운 헬레나는 여전히 구원받지 못한 채 남아 있고, 여전히 복수받지 못하고 천 명의 영웅들이 피 흘리는가! 서두르시오, 관대한 이타쿠스여! 그 수치를 막으시오. 당신의 군대들을 다시 불러모으고 당신의 족장들을 되찾으십시오. 당신 자신의 저항할 수 없는 웅변을 사용하고, 불멸자들에게 트로이의 몰락을 맡기십시오."

신성한 목소리는 그 호전적인 처녀를 드러냈고, 오디세우스는 들었고 영감을 받지 않은 채 복종했다. 그런 다음 아가멤논을 먼저 만나 그의 손에서 제국의 홀을 받았다. 이렇게 영광을 받아 주의와 존경을 얻기 위해, 그는 달리고 그는 모든 그리스 군대를 통해 날아갔다. 이름 있는 모든 왕자 혹은 무기에서 인정받은 족장들을 그는 칭찬으로 불태웠고 설득으로 움직였다.

"너희 같은 용사들은 힘과 지혜로 축복받았으니, 용맹한 본보기들로 나머지 사람들을 확증해야 합니다. 군주의 뜻은 아직 드러나지 않았습니다. 그는 우리의 용기를 시험하지만 우리의 두려움을 분개합니다. 부주의한 그리스인들은 그의 분노를 도발할지도 모릅니다. 왕은 비밀 회의에서 이렇게 말하지 않았습니까. 제우스는 우리의 족장을 사랑하고 제우스로부터 그의 명예가 솟아나니, 조심하십시오! 왕들의 분노는 무시무시하니까."

그러나 만약 시끄러운 천박한 평민이 일어선다면, 그는 비난으로 그를 억제하거나 때려서 그를 길들였다.

"조용히 해라, 이 노예야! 그리고 너보다 나은 이들에게 양보해라. 회의에서도, 들판에서도 똑같이 알려지지 않은 너! 오 신들이여! 어떤 비겁자들이 우리 군대를 다스리려 하는가! 전쟁으로 쓸려온 한 땅의 쓰레기 같은 너희들. 입 다물어라, 이 불쌍한 놈아! 그리고 여기서는 가장 나쁜 폭군인 찬탈하는 군중이 허용되지 않는다고 생각하라. 오직 한 명의 군주에게 제우스는 통치를 맡기니, 그의 법들이 있고 그에게 모든 사람들이 복종하게 하라."

이런 말들로 오디세우스는 군대를 다스렸고, 가장 시끄러운 자들을 침묵시키고 가장 맹렬한 자들을 진정시켰다. 군중을 이룬 무리들이 다시 집회로 굴러가니, 배들을 버리고 평원 위로 쏟아져 나왔다. 마침내 소동은 가라앉고 소음들은 멈추니, 고요한 침묵이 진영을 평화롭게 했다.

오직 테르시테스만이 군중 속에서 소리쳤으니, 말이 많고 시끄럽고 거칠고 무례한 혀를 가졌다. 그는 전형적인 '관종'(관심 종자)이었다. 그의 모습은 그의 영혼을 선포할 만했다. 한쪽 눈은 깜빡거리고 한쪽 다리는 절었다. 그는 모두를 미워했지만 가장 훌륭한 자들을 가장 미워했다. 오랫동안 그는 모든 그리스인들의 경멸을 받으며

살았으니, 그가 말할 때 짜증스러워했지만 그래도 그들은 그의 말을 들었다.

날카로운 그의 목소리, 가장 날카로운 어조로 이렇게 모욕적인 조롱들로 왕좌를 공격했다.

"그토록 빛나는 통치의 영광들 속에서, 무엇이 위대한 아가멤논를 불평하게 하는가? 용사의 가슴을 불태우는 것은 무엇이든 당신의 것입니다. 황금 전리품과 사랑스러운 처녀들도 당신의 것입니다. 당신은 부의 더미 위에서 뒹굽니다. 'TMI'(너무 많은 정보)를 늘어놓는 '고답이' (고구마를 먹은 것처럼 답답한 사람)처럼 굴지 마십시오! 혹시 당신은 황금에 대한 갈증입니까?

말하십시오. 우리의 정복되지 않은 힘으로 일리온의 적대적인 탑들로 행진하게 할 것입니까, 그리고 왕의 서출들의 종족을 여기로 데려와,

트로이가 너무 비싼 가격으로 몸값을 지불하게 할 것입니까? 그러나 더 안전한 약탈은 당신 자신의 군대가 공급하니, 말하십시오. 어떤 용맹한 지도자의 전리품을 당신이 빼앗으려 하는가?

  저희 주인님이 원하는 것은 무엇이든 저희는 복종해야 합니다. 그의 오만함에 시달리거나 그의 욕망 때문에 벌을 받으면서 말입니다. 오, 아카이아의 여인들이여! 더 이상 남자들이 아니다! 여기서 저희가 날아가게 하라. 그리고 그가 그의 재산을 프리기아 해변에서 사랑과 즐거움 속에서 낭비하게 하라. 저희는 어떤 바쁜 날에 필요할 수도 있습니다, 헥토르가 올 때. 위대한 아킬레우스도 그럴 수도 있습니다. 그로부터 그가 저희가 함께 준 전리품을 빼앗았으니, 그로부터 맹렬하고 두려움 없고 용감한 그에게서! 그리고 그가 마땅히 그래야 했듯이 그 잘못에 분개했더라면, 이 강력한 폭군은 더 이상 폭군이 아니었으리라."

이에 오디세우스는 격렬하게 그의 자리에서 튀어 올랐으니, 왕들의 왕에 대한 관대한 복수 속에서였다. 분노가 그의 눈에서 번쩍이며, 그는 그 비참한 자를 보고 엄하게 이렇게 대답했다.

"조용히 해라, 이 파벌적인 괴물아! 국가를 괴롭히기 위해 태어난, 더러운 논쟁을 위해 형성된 말싸움의 재능을 가진 너! 그 격렬한 혀를 억제하고 경솔하게 허영심을 부리지 마라. 그리고 홀로 미쳐서 주권적인 통치를 비난하지 마라. 우리의 군대 전체 중에서 네가 가장 적게 행동하고 가장 많이 비난하는 자라는 것을 우리는 알지 않았는가, 이 노예야! 그리스인들을 수치스러운 비행으로 데려갈 생각은 하지 마라, 그리고 그 입술로 왕의 이름을 모독하지 마라.

 하지만 군대가 부로 장군을 짐 지우는 것을 허락한다면, 험담 외에 네가 무엇을 기여했는가? 어떤 영웅이 그의 전리품을 포기한다고 가정하라. 네가 그 영웅인가? 그 전리품들이 너의 것이 될 수 있었는가? 신들이어! 이 혐오스러운 해변에서 내가 죽게 하라, 그리고 이 눈들이 나의 아들을 더 이상 보지 않게 하라! 만약 네가 다음번 잘못을 할 때, 이 손이 네가 마땅히 입을 자격이 없는 그 갑옷을 벗기거나, 우리 왕자들이 만나는 의회에서 너를 쫓아내고, 채찍질하고 울부짖게 하며 함대를 통해 너를 보내는 것을 참는다면."

 그는 말했다. 그리고 그 비겁한 자가 굽히자, 무거운 홀이 그의 등 위로 '팩폭'처럼 내려갔다. 피 묻은 종기들이 솟아오르고, 눈물들이 그의 야위고

야윈 눈들에서 튀어나왔다. 떨며 그는 앉았고 비참한 두려움 속에 몸을 움츠리고, 그의 비열한 얼굴에서 뜨거운 눈물을 닦았다.

그의 이웃에게 각자가 그의 생각을 표현하는 동안, "오, 신들이여! 오디세우스가 어떤 놀라운 일들을 해냈는가! 그의 행동과 그의 용기가 어떤 열매를 맺는가! 그는 왕관의 수호를 위해 관대하게 일어선다. 오만한 혀를 가진 파벌적인 자를 억제하기 위해, 범죄자들에게 보여진 그런 정당한 본보기는, 선동을 침묵시키고 왕좌를 주장한다." 군사들은 오디세우스에게 '개추'(개 강력 추천)를 날리듯 환호했다.

오디세우스와 네스토르의 연설

그런 다음 깊이 생각하며 말하기 전에 잠시

멈추고, 그의 침묵을 이렇게 신중한 영웅이 깼다.

"불행한 군주여! 그리스 종족이 수치스럽게 버리고 비열한 불명예를 쌓는 너희들. 아르고스에서 그들의 관대한 맹세는 그런 것이 아니었습니다. 한때 그들의 모든 목소리였지만, 아이제 잊혀졌네! 결코 돌아가지 않겠다는 것이 그때의 흔한 외침이었네. 트로이의 오만한 구조물들이 재 속에 누울 때까지! 그들의 고향 해변을 위해 그들이 울고 있는 것을 보십시오. 아홉 년의 지루한 기간. 솔직히 이쯤 되면 '노잼'(노재미)이긴 합니다.

그들의 슬픔 때문에 저는 그리스 군대를 비난하지 않습니다. 하지만 정복당하고 좌절당하고, 오, 영원한 수치로다! 트로이의 파괴를 위해 주어진 시간을 기대하십시오. 그리고 칼카스와 하늘의 믿음을 시험하십시오.
아울리스에서 무슨 일이 있었는지 그리스가
증언할 수 있네.

  (아울리스에서 뱀이 8마리의 새끼와 어미
새까지 잡아먹고 돌이 된 징조 설명 부분. 9년 후
트로이가 멸망할 것이라는 칼카스의 예언을
명료하게 설명하며 지루함을 덜어냄)

  이렇게 예언자는 말했습니다. 이렇게 운명들은
성공합니다. 복종하십시오, 너희 그리스인들이여!
복종으로 기다리십시오, 그리고 너희의 비행이
트로이의 운명을 돌려놓지 않게 하십시오."

  그가 말했다. 해변은 큰 박수갈채로 울리고,
속이 빈 배들은 각 귀청이 터질 듯한 외침을
반향했다.

  그런 다음 네스토르가 이렇게 말했다. "이런

헛된 논쟁들은 그만두십시오. 너희는 영웅들처럼 대담하게 말하지 않고 아이들처럼 말하는구나. 이제 너희의 모든 높은 결심들은 어디에 있는가? 인간들의 믿음이여! 쓸모없는 말들이 비활동적인 시간들을 소비하는 동안, 트로이가 그토록 오랫동안 우리의 힘들에 저항하는 것이 놀랍지 않네.

 일어나십시오, 위대한 아가멤논이여! 그리고 용기로 다스리십시오. 만약 당신이 길을 지휘한다면 저희는 전쟁으로 행진할 것입니다.

 하지만 이제, 오 군주여! 당신의 모든 족장들은 조언하네. 그들이 제공하는 것을 당신 자신은 경멸하지 마십시오. 그 조언들 중에서 저의 것이 헛되지 않게 하십시오. 부족들과 민족들로 당신의 무리를 나누는 것을 말입니다. 각 지도자가 그의

분리된 군대들을 부르게 하십시오. '알잘딱깔센'
(알아서 잘 딱 깔끔하고 센스있게) 정비하여
전쟁을 벌이게 할 때, 수많은 무리의 어떤 족장이나
병사가 용감하게 싸우거나 명령에 잘못
복종하는지 곧 알려질 것입니다. 그리고 일리온이
전복되지 않은 원인이 무엇인지 밝혀질 것입니다."

그에게 왕은 말했다. "당신의 나이가 조언의
예술과 잘 말하는 것에서 얼마나 뛰어난가! 오,
만약 신들이 그리스에 대한 사랑으로, 당신에게
허락한 것과 같은 현자들을 단 열 명만
명령했더라면, 오만한 트로이의 탑들이 곧
무너졌을 것입니다! 그러나 제우스는 금하네. 그가
미워하는 자들을 격렬한 다툼과 헛된 논쟁에
빠뜨리네. 이제 위대한 아킬레우스가 우리의
도움에서 물러나니, 나에 의해 도발되어 포로인

처녀가 그 원인입니다. 그가 입은 '마상' (마음의 상처)이 크다는 것을 압니다. 만약 우리가 친구로서 함께 한다면 트로이 성벽은 흔들릴 것이고 복수는 무겁게 떨어질 것입니다!

누가 감히 영광 없이 그의 배에 머물러 있는가? 누가 감히 이 신호의 날에 떠는가? 그 비참한 자는 호전적인 힘에 의해 쓰러지기에 너무 비열하니, 새들이 그를 갈가리 찢고 개들이 그를 먹어치울 것입니다!"

군주가 말했다. 그리고 즉시 웅성거림이 솟아났다. 곧바로 군대들은 천막들을 향해 흩어지며 몸을 굽혔고, 불들이 켜지고 연기들이 솟아올랐다. 서둘러 잔치들로 그들은 희생 제물을 바치고 기도하니, 의심스러운 날의 위험들을 피하기 위해서였다.

희생 제물과 군대 재정비

 아가멤논은 5년 된 수소 한 마리를, 큰 사지를 가졌고 잘 먹인 것을, 제우스의 높은 제단들로 이끌었다. 거기서 가장 고귀한 그리스 귀족들을 불렀으니, 나이가 가장 많이 든 네스토르가 첫 번째였다. 초대받지 않은 메넬라오스까지 모두 모였다.

 족장들은 짐승을 둘러싸고, 소금 친 케이크의 성스러운 제물을 취했다. 그때 왕이 그의 엄숙한 기도를 올렸다.

 "오, 당신이여! 구름 낀 공기를 찢는 그 천둥이여, 신들 중에서 최고이시여! 한계가 없고 홀로 계신 이여! 들으소서! 그리고 불타는 태양이 내려오기 전에, 밤이 그녀의 어두운 베일을 확장하기 전에, 저 적대적인 첨탑들이 먼지 속에 놓이게 하소서,

프리아모스의 궁전이 그리스의 불길 속에 가라앉게 하소서. 헥토르의 가슴에 이 빛나는 검이 박히게 하소서, 그리고 학살당한 영웅들이 그들의 영주 주위에서 신음하게 하소서!"

"이제 가보자고" 현명한 네스토르가 말했다. "이제 당신의 전령들에게 큰 경보들을 울리라고 명령하십시오. 그리고 놋쇠 갑옷을 입은 부대들을 부르십시오. 이제 이 기회를 잡고 이제 군대들을 점호하십시오. 그리고 하늘이 길을 지시할 때 전쟁으로 이끄십시오."

그가 말했다. 군주는 그의 명령들을 내렸다. 곧 시끄러운 전령들이 모여드는 부대들을 불렀다. 한가운데 높이 푸른 눈의 처녀 아테나가 날아갔다. 그녀는 각 그리스인의 강인한 가슴을 따뜻하게 하고, 그들의 대담한 심장들을 부풀리고 그들의 힘찬 팔들을 긴장시켰다. 더 이상 그들은 영광 없이 돌아가기 위해 한숨 쉬지 않고, 복수를 내뿜고 싸움을 위해 불탔다.

트로이와 동맹 군대의 집결

 이제 홍수처럼 모든 주위를 덮으며, 빛나는 군대들이 땅을 따라 휩쓸고 갔다. 땅이 그들 아래에서 신음했다. 트로이 군대의 '억빠'(억지로 칭찬)일지 모르나, 그들의 기세는 하늘을 찔렀다.
 신과 같은 헥토르는 나머지 사람들보다 높이, 그의 거대한 창을 흔들고 그의 깃털 장식 투구를 끄덕였다. 그 무리들로 고향 부대들이 주위에 모였고, 그리고 날카로운 창날의 숲이 대기 속에서 반짝였다.

3

메넬라오스와 파리스의 결투

군대들이 전투를 벌일 준비를 마치자, 헥토르의 중재로 메넬라오스와 파리스 사이의 일대일 결투가 합의되었다. 이리스는 헬레나를 불러 이 결투를 보도록 성벽으로 보냈다. 그곳에서 프리아모스가 그의 조언자들과 함께 그리스 지도자들을 관찰하고 있었고, 헬레나는 그들에 대한 설명을 해줬다. 결투가 이어지고, 패배한 파리스는 아프로디테에 의해 구름 속으로 채여 그의 방으로 옮겨졌다. 여신은 성벽에서 헬레나를 불러 연인들을 함께 있게 했다. 아가멤논은 그리스인들의 입장에서 헬레나의 반환과 조약의 이행을 요구했다.

결투의 제안과 파리스의 도망

 이렇게 그들의 지도자들의 보살핌으로 각 무리가 대형으로 움직이고, 땅 위로 펼쳐졌다. 그리스인들은 침묵하며 분노를 내뿜고, 결연하며 능숙하게 서로 돕고 의심스러운 들판을 확고히 하려 했다.
 그때 명성을 떨치는 트로이인들 앞에서 파리스가 맨 앞으로 나왔다. 그의 모습은 신과 같았다. 표범의 얼룩진 가죽이 그의 갑옷 위로 쉬운

오만함으로 흘러내렸고, 휘어진 활이 그의 어깨에
걸려 있었으며, 그의 검은 그의 옆에 무심하게
매달려 있었다. 그는 당대의 '개인싸'였으며
외모만큼은 '완내스'(완전 내 스타일) 그 자체였다.
두 개의 뾰족한 창을 그는 용감한 우아함으로
흔들며, 그리스 종족 중에서 가장 용감한 자에게
도전했다.

  이렇게 영광스러운 태도와 오만한 경멸로, 그가
대담하게 성큼성큼 걸어 평원 위에서 가장 앞에
서자, 아레스가 사랑하는 메넬라오스가 그를
보았으니, 고양된 마음과 기쁜 눈으로 맞이했다.
사자가 가지 달린 사슴을 봤을 때 기뻐하는 것처럼,
그는 복수를 좋아하여 맹렬한 도약으로, 그의 높은
전차에서 쨍그랑거리는 갑옷을 입고 땅에
뛰어내렸다.

그에게 가까이 다가가는 그 아름다운 옹호자는 두려움의 흔적들을 보며, 죄의식에 사로잡혀 뒤로 물러났고, 그가 받아 마땅한 운명을 피했다. 파리스는 왕에게서 빛나는 전사가 달아나고, 가장 두꺼운 트로이인들 한가운데에 뛰어들어 숨었다.

 신과 같은 헥토르가 후퇴하는 왕자를 보자, 그는 관대한 열정으로 그를 이렇게 꾸짖었다.

 "불행한 파리스여! 여자들에게만 용감하구나! 그토록 아름답게 형성되었고, 오직 속이기 위해서라니! 오, 네가 처음 빛을 보았을 때 죽었더라면 좋았을 것을! 이렇게 헛되이 자랑하고, 너의 트로이 군대의 수치로서 달아나는 것보다 더 나은 운명이었을 것을! 그리스인들이 너를 보고 얼마나 경멸하고 기뻐하는가!

 너의 모습은 호전적인 분위기를 약속했지만,

너의 영혼은 그토록 아름다운 모습을 형편없이 공급하는구나. 너는 '쇼블리에'처럼 굴어서는 안 된다! 이 행동은 너의 적들의 기쁨이자 너 자신의 불명예이고, 너의 아버지의 슬픔이자 너의 종족의 파멸이니, 이 행동은 너를 제안된 싸움으로 다시 부른다! 네가 감히 바로잡지 못하는 자를 해쳤는가? 너는 더 용감한 적의 배우자를 가지고 있다는 것을 알게 될 것이다. '킹반네', 파리스! 너의 우아한 모습, 너의 곱슬곱슬한 머리카락 그리고 너의 은빛 리라, 젊음과 아름다움이여! 헛되이 너는 이것들을 믿는구나."

　여기서 얼굴을 붉히며 파리스가 침묵을 깼다.
"나의 형제여, 당신의 분노가 말하는 것이 정의롭습니다. 그러나 당신처럼 침착한 영혼을 누가 자랑할 수 있겠습니까? 당신이 제안된 싸움이

지속되기를 원하신다면, 그리스인들과 트로이인들을 양쪽에 앉게 하십시오. 그런 다음 중간 공간이 우리 군대들을 나누게 하고, 그리고 그 전쟁의 무대 위에서 그 대의를 시험하십시오. 거기서 파리스는 스파르타의 왕과 싸우게 될 것입니다. 아름다운 헬레나와 그녀가 가져온 재산을 위해서 말입니다. 그리고 누가 무기에서 그의 경쟁자를 정복할 수 있든, 아름다운 여인은 그의 것이 되고 재산도 그의 것이 될 것입니다. 이렇게 영원한 동맹으로 너희의 노고는 멈출 것이고, 그리스인들은 그들의 고향 해변을 다시 볼 것입니다."

그가 말했다. 헥토르는 그 도전을 기쁨으로 들었다. 그는 중간을 가로질러 창을 잡고, 적들 가까이로 나아갔다.

헬레나의 회상과 세대 공감

 그동안 아름다운 헬레나에게 하늘로부터, 무지개의 다양한 여신 이리스가 날아갔다. 그녀는 궁전에서 그녀의 베틀에서 그녀를 발견했다. 황금빛 직물은 그녀 자신의 슬픈 이야기에 왕관을 씌웠다.

 색칠된 활의 여신이 그녀에게 말했다.

 "다가와 아래의 놀라운 장면을 보십시오! 그토록 최근에 무서웠고 싸움을 위해 맹렬했던 자들이 이제 그들의 창들을 쉬게 하거나, 그들의 방패들에 기대고 있습니다. 파리스 혼자 그리고 스파르타의 왕이 전진합니다. 일대일 싸움에서 빛나는 창을 던지기 위해서 말입니다. 당신의 사랑이 동기이고, 당신의 매력들이 전리품입니다."

 이것을 말하고 여러 색깔의 처녀 이리스는

그녀의 남편의 사랑에 영감을 주고 그녀의 이전의 불꽃들을 깨웠다. 그녀의 나라, 부모들, 한때 소중했던 모든 것이, 그녀의 생각 속으로 돌진하고 부드러운 눈물을 강요했다. 그녀는 '이생망'(이번 생은 망했다)이라고 생각하며 슬픔에 젖어 베틀에서 물러났다.

그녀는 성벽으로 올라갔는데, 거기에는 트로이 종족의 원로들이 앉아 있었다. 그들은 스파르타의 여왕이 탑에 다가왔을 때, 은밀히 저항할 수 없는 아름다움의 힘을 인정했다.

그들은 외쳤다. "놀랍지 않다! 그런 천상의 매력들이 아홉 해 동안 세상을 무장시켰으니! 이 얼마나 마음을 끄는 우아함인가! 그녀는 여신처럼 움직이고 여왕처럼 보인다! 그녀의 얼굴은 '인생작' (인생 최고의 작품)이다! 그러나 여기서, 오!

하늘이여, 그 치명적인 얼굴을 옮기소서, 그리고 트로이 종족을 파멸로부터 구원하소서!"

선량한 늙은 프리아모스는 그녀를 환영하고 외쳤다.

"다가오거라, 나의 아이야, 그리고 너의 아비지의 옆을 빛내주오. 평원에서 너의 그리스인 배우자가 나타나는 것을 보라. 너의 이전 시절의 친구들과 친족들을 말이다. 너의 어떤 범죄도 우리의 현재 고통들을 이끌어내지 않았네. 너가 아니라 하늘의 처리하는 의지가 그 원인이네."

"아버지, 당신의 면전에서 저는 죄의식 있는 수치심과 경외심을 가진 두려움으로 나타납니다. 아, 제가 이 성벽들로 달아나기 전에, 저의 나라에게, 그리고 저의 결혼 침대에게 거짓되었으니! 당신이 바라보는 왕들의 왕인

아가멤논은 전쟁에서 위대하고 통치의 예술들에서 위대합니다. 한때 저의 형제였네. 저의 수치심의 날들 전에! 그리고 오, 그가 여전히 형제의 이름을 지녔으면 좋았으련만!"

"그는 누구인가? 거대한 힘을 부여받은 그 족장은, 그의 울퉁불퉁한 어깨들과 그의 떡 벌어진 가슴, 그리고 높은 키가 나머지 사람들을 훨씬 능가하네?"

"위대한 아이아스입니다." 아름다운 여왕이 대답했다. "그는 스스로가 군대입니다."

그들은 무덤의 차가운 기운에 싸여, 그들의 고향 해변에서 영광으로 장식된 채, 조용히 잠들었고 더 이상 전쟁에 대해 듣지 못했다.

맹세와 결투

　파리스의 것이 튀어나왔으니, 치명적인 우연으로 무거운 창을 공중에서 휘두르는 첫 번째가 되도록 명령받았다. 아름다운 전사는 이제 싸움을 위해 무장했다.

　트로이인이 먼저 그의 빛나는 투창을 던졌다. 그것은 아가멤논의 울리는 방패에 정통으로 날아갔다. 놋쇠 구체를 꿰뚫지는 못했지만, 튀어올라 방패로부터 무뎌진 채 땅 위로 뛰어내렸다.

　아가멤논은 그의 무거운 창을 준비했다. 던지려는 행동 속에서 그러나 먼저 그의 기도를 올렸다.

　"오, 위대한 제우스여! 불법적인 욕망을 벌하게 하소서, 그리고 그 트로이인이 먼지 속에 헐떡이게 하소서! 공격자를 파괴하소서, 저의 정당한 대의를 도우소서! 환대의 법들을 어긴 것에 복수하소서!"

그는 말했다. 그리고 공중에서 균형을 잡아 그 투창을 보냈다. 파리스의 방패를 통해 그 강력한 무기가 갔고, 그의 코르셋을 꿰뚫고, 그의 옷을 찢었으며, 그리고 아래로 스쳐 그의 옆구리 근처로 내려갔다. 신중한 트로이인은 그 타격으로부터 몸을 굽혀, 죽음을 피하고 그의 적을 실망시켰다.

메넬라오스는 검을 휘둘렀으나 칼이 부러졌다. 그는 깃털 장식된 투구를 잡고 불행한 용사를 끌어당겼다. 그때 그의 파멸이 아가멤논의 기쁨에 왕관을 씌웠을 것이다. 그러나 아프로디테는 트로이의 왕자를 위해 떨었다. 보이지 않게 그녀는 왔고, 그 황금 끈을 터뜨렸다. 그리고 그의 손에 텅 빈 투구를 남겨두었다.

사랑의 여왕은 그녀가 총애하는 옹호자를

구름의 베일 속에 감쌌다. 그녀는 들판에서
들어올려진 헐떡이는 젊은이를 이끌었고,
부드럽게 그를 신혼 침대에 뉘었다. 즐거운 향기로
그의 기절한 감각을 되살리고, 그리고 온 돔에
천상의 이슬들로 향기를 채웠다.

아프로디테의 속삭임과 사랑의 묘사

그동안 여성들 중에서 가장 밝은, 비할 데 없는
헬레나는 성벽들 위로 몸을 기댔다. 그녀에게,
아프로디테가 늙은 처녀의 모습으로 왔다. 여신은
그녀의 비단 조끼를 흔들었고, 향수를 풍기며
속삭이듯 이렇게 말을 걸었다.

"서두르십시오, 행복한 님프여! 당신을 위해
당신의 파리스가 부릅니다. 싸움에서 안전하게
저기 저 높은 성벽들 안에서, 신처럼 아름다운 그의

주위에 향들이 퍼져, 그는 누워 있고, 잘 알려진 침대 위에서 당신을 기다립니다. 당신은 '럭키비키'처럼 생각하고 그에게 가야 합니다."

그녀가 말했다. 그리고 헬레나의 비밀스러운 영혼은 움직였다. 그녀는 옹호자를 경멸했지만, 그 남자는 사랑했다. 그녀는 아프로디테의 정체를 알아챘고 떨며 이렇게 말했다.

"그렇다면 속이는 것이 여전히 당신의 즐거움입니까? 당신은 나의 고통이 너무나 깊고 나의 비통함은 너무나 거칠다는 것을 알지 않습니까? 저에게는 더 이상 무법적인 사랑으로 이끌리지 않으니, 저는 그 겁쟁이를 경멸하고 그의 침대를 혐오합니다. 저는 '억텐'(억지 텐션)으로 이 상황을 버티고 있습니다."

그런 다음 격분하여 파피아 여왕이 대답했다.

"나를 도발하는 것을 멈추십시오! 내가 당신을 전보다 더 세상의 혐오스러운 존재로 만들지 않도록!"

이에 그녀의 성별에서 가장 아름다운 이는 복종했고, 그리고 그녀의 얼굴의 붉힘을 비단의 그늘에 가렸다. 그녀는 파리스에게로 올라갔다.

파리스의 시야에 가득하게 사랑의 여왕은 제우스의 아름다운 자손을 놓았다. 빛나는 눈들을 돌리고 헬레나가 말하기 시작했다.

"이 사람이 그 족장입니까? 수치심의 감각을 잃고 최근에 들판을 달아났지만, 그의 명성은 여전히 살아있는 자입니까? 오, 만약 당신이 한때 저의 영주라고 불렸던 그 용감한 사람의 정당한 검 아래에서 죽었더라면! 이제 가십시오! 다시 한번 당신의 경쟁자의 분노를 자극하십시오. 그러나 헬레나는 당신이 머무르기를 명령합니다. 당신이 서투르므로 들판에서 쉬운 정복물로 쓰러지지 않도록."

왕자는 그녀의 차가운 반응에 '마상'을 입었지만 대답했다.

"아, 신성하게 아름다운 이여, 멈추십시오! 오늘은 적이 팔라스의 힘으로 우세했네. 우리는 아직 더 행복한 시간에 정복할 수도 있네. 하지만 우리의 삶의 사업이 사랑이 되게 하십시오. 이 더 부드러운 순간들을 즐거움들로 사용하게 하고, 그리고 친절한 포옹들이 성급한 기쁨을 움켜잡게 하십시오. 당신은 저의 '최애'(가장 아끼는 존재)입니다.

스파르타 해변에서 제가 당신을 처음 보았을 때, 우리는 아직 '삼귀다'(사귀기 전 썸타는 단계) 같은 풋풋한 설렘을 공유했습니다. 마치 크라나에 섬에서 첫 황홀경에 빠져 누웠을 때처럼, 당신의 영혼과 섞이고 모두 녹아내렸을 때처럼 말입니다! 저는 지금 그 때처럼 당신과의 깊은 정서적 교감이 필요합니다."

이렇게 말하고 파리스는 그녀에게 나가섰다. 헬레나는 수줍은 매력들을 가지고 그를 천천히 따라갔고, 비록 수치심과 죄책감이 있었지만, 운명적인 이끌림 속에서 꽃다운 영웅을 그녀의 팔로 껴안았다. 그들의 눈빛은 오랜 고통 속에서도 변치 않은 관계의 깊이를 확인시켜주었다.

그리스의 승리 주장

이들이 사랑의 즐거운 황홀경에 굴복하는 동안, 엄격한 아가멤논은 들판 주위로 격노했다. 그는 파리스를 찾았다. 트로이 군대들을 따라 헛되이 찾았다.

그런 다음 이렇게 말하며 왕들의 왕이 일어섰다.
"너희 트로이인들, 다르다니아인들, 우리의 모든 관대한 적들이여! 들으시오, 그리고 증언하시오! 하늘로부터 정복으로 왕관을 쓴, 우리 형제의 무기들이 정당한 성공을 찾았네요. 그러므로 이제 스파르타의 재산이 회복되게 하십시오. 아르고스의 헬레나가 그녀의 합법적인 영주를 인정하게 하십시오. 일리온은 정해진 벌금을 정당하게 지불하고, 그리고 시대가 이 신호의 날을 기록하게 하십시오."

그는 멈췄다. 그의 군대의 시끄러운 박수갈채들이 솟아오르고, 그리고 그 긴 함성은 하늘을 통해 울려 퍼졌다.

4

휴전의 파기와 첫 번째 전투

휴전의 파기와 신들의 갈등

이제 올림푸스의 빛나는 문들이 활짝 열렸다. 신들은 제우스와 함께 황금 왕좌에 앉았다. 신성한 젊음으로 늘 싱그러운 헤베가 자주색 와인으로 황금 잔을 채웠다. 잔들이 돌아가는 동안, 신들은 오랫동안 다투었던 트로이에 주의 깊은 시선을 보냈다.

제우스가 사투르니아, 헤라의 심기를 긁으려 할 때, 그의 편파적인 여왕의 분노를 이렇게 깨웠다.
"두 명의 신성한 힘이 아트레우스의 아들을 돕고 있네. 제국의 헤라와 호전적인 처녀 아테나라네. 그러나 그들은 하늘 높은 곳에 앉아 멀리서 바라볼 뿐, 그의 전쟁 행위들을 길들여진 구경꾼들처럼 보고만 있네. 이와 달리 아름다운 아프로디테는 그녀가 총애하는 기사를 돕지 않나. 쾌락의 여왕은 싸움의 노고들을 나누며, 모든 위험을 막고 그녀의 보살핌 속에서 한결같이 가장 마지막 절망의 순간에 그를 구해냈네. '머선129'(무슨 일이고), 그녀의 행동은 파리스의 몰수된 목숨을 구했으니, 비록 위대한 아가멤논이 그 영광스러운 싸움에서 이겼지만 말일세. 그렇다면 너희 신들이여! 하늘은 평화로 피 흘리는 왕국들을 살려둘 것인가, 아니면 격렬한 여신들을 깨워 전쟁을 깨울 것인가?"

 그가 이렇게 말하는 동안, 분노한 하늘의 여왕(헤라)과 전쟁의 여왕(아테나)은 은밀한 협의에 몰두했다. 그들은 따로 앉아 그들의 깊은 계획들을 세우고, 트로이의 미래의 비통함을 숙고했다. 비록 비밀스러운 분노가 아테나의 가슴을 부풀렸지만, 신중한 여신은 아직 그녀의 분노를 억제했다. 그러나 열정에 무력한 헤라는, 그녀의 시무룩한 침묵을 깨고 분노로 말했다.

 "오, 그렇다면 하늘의 통치자여! 저의 계획들, 저의 노고들, 그리고 저의 희망들은 헛될 것입니까? 제가 이것을 위해 경보들과 함께 일리온을 흔들고, 민족들을 모으고, 두 세계를 무장시켰습니까? 마침내 무르익은 복수가 그들의 머리 위에 걸려 있지만, 제우스 당신 자신이 그

믿음 없는 종족을 방어하는군요. 저의 노력이 헛되었다는 말입니까?"

구름 낀 하늘을 흔드는 벼락의 아버지, 제우스는 그의 영혼 깊은 곳에서 한숨 쉬고 이렇게 대답했다.

"오, 오래가는 원한이여! 오, 탐욕스러운 증오여! 네가 트로이와 트로이의 전체 종족을 혼란스럽게 하려고 하고, 저기 아름다운 구조물들을 땅과 똑같이 만들려고 하는구나! 서둘러 하늘을 떠나라! 너의 엄격한 욕망을 이행하라! 그녀의 모든 문들을 부수고 그녀의 성벽들을 불에 감싸라! 너의 복수가 길을 가게 하라. 왜냐하면 알아라! 솟아나는 수많은 도시들 중에서, 거룩한 트로이만큼 제우스에게 소중하지 않네. 신과 같은 프리아모스 혹은 프리아모스의 종족보다 더 구별되는 은혜를 받을 필멸의 인간들은 없네. 여전히 우리의 이름에 그들의 희생 제물들이 소멸되고, 그리고 제단들은 꺼지지 않는 불로 불꽃을 일으키지 않는가."

이에 여신은 그녀의 빛나는 눈들을 굴렸고, 그런 다음 벼락을 던지는 신에게 그것들을 고정하고 대답했다.

"세 개의 도시들, 그리스의 평원에 있는 뮈케네, 아르고스 그리고 스파르타의 성벽이 저의 것입니다. 이것들은 확장된 땅 전체에 있는 모든 것보다 저에게 더 소중합니다. 당신은 이 도시들을 부술 수도 있습니다. 저는 그들의 몰락을 금하지 않으리니, 복수를 제거하는 것은 저에게 있지 않습니다. 당신은 아내와 누이의 권리를 부정하지 마십시오. 알겠습니다. 저희는 동의하게 하고, 둘 다 조건들로 준수하게 하십시오. 준비된 팔라스를 보십시오. 그녀는 당신의 높은 명령들을 기다리며

그리스인들과 프리기아인들의 부대들을
무장시키려고 합니다. 그녀의 기술들로 그들의
갑작스러운 우정은 끝날 수도 있고, 그리고 오만한
트로이인들이 먼저 평화를 침해할 것입니다."

휴전의 파기: 판다루스의 화살

　인간들의 아버지이자 하늘의 군주인 제우스는
그 조언을 승인하고 아테나에게 날아가라고
명령했다. 그 동맹을 해산하고 그녀의 모든
기술들을 사용하여 그 파기를 트로이의 믿음 없는
행동으로 만들도록 하였다.

　양쪽 군대들 사이에서 그렇게 탁 트인 시야에서
그 밝은 여신은 빛의 흔적 속에서 쏘아졌다. 눈들을
똑바로 뜨고 바라보는 군대들은 내려오는 힘과
불타는 하늘에 감탄했다! "레게노"였다.

그들이 말하는 동안, 팔라스는 트로이 군중을 통해 안테노르의 아들 라오도코스의 모습으로 변장한 채 지나갔다. 군중들 한가운데에서 그녀는 뤼카온의 아들인 힘으로 유명한 호전적인 판다루스를 찾았다.

그에게 여신이 말했다.

"프리기아인아, 네가 시기적절한 조언을 기꺼이 들을 수 있겠는가? 만약 네가 너의 다트를 지시하여, 그의 승리 한가운데에서 스파르타인 메넬라오스의 심장을 맞힌다면, 너의 칭찬은 무엇이 되겠는가! 그렇다면 기회를 잡아 그 강력한 행동을 감행하라! 그의 가슴을 겨냥하라, 그리고 그 겨냥이 성공하기를!"

그는 들었고 미친 듯이 그 움직임에 기뻐하며, 그의 광택 나는 활을 성급한 무모함으로 잡았다.

이것을 그리스인들에게 보이지 않게, 그 전사는 활을 휘었고 그를 둘러싼 그의 친구들의 방패들로 가려진 채였다. 백 개의 깃털 달린 죽음들 중에서 하나를 그는 선택했으니, 상처 입히도록 운명 지어지고 미래의 비통함의 원인이 될 화살이었다.

이제 완전한 힘으로 그는 유연한 뿔을 휘고, 뾰족한 끝들이 둥근 활에 접근할 때까지 당겼다. 참을성 없는 무기는 쉿 소리를 내며 날개 위에 날아갔다. 질긴 뿔이 울리고 떨리는 현이 울렸다.

그러나 아가멤논이여! 그 위험한 시간에 신들은 너를 잊지 않았으니, 너의 수호하는 힘도 잊지 않았다. 팔라스가 도왔고, 그것의 예정된 길로부터 무기를 돌렸다. 그녀는 그 화살을 그의 벨트가 황금 버클들로 합쳐지는 바로 그곳으로 돌렸다. 화살은 넓은 벨트를 통과하고 코르셋을 통해 몰아붙였다.

주름들을 꿰뚫고 겹쳐진 리넨을 찢었고, 피부를 긁고 자주색 피를 흘렸다.

아가멤논의 통곡과 용사들의 정렬

메넬라오스의 성스러운 피가 그의 눈 같은 넓적다리 아래로 흐르는 홍수가 떨어실 때, 공포에 사로잡혀 인간들의 왕(아가멤논)은 박힌 화살을 발견하고 뿜어져 나오는 피의 조수를 보았다.

덜 겁먹은 것은 스파르타인(메넬라오스)이었고 그가 상처 위로 나타나는 빛나는 미늘을 발견하기 전까지는 괜찮았다. 그런 다음 그의 강인한 가슴을 든 한숨과 함께, 왕족의 형제는 이렇게 그의 슬픔을 표현했다.

"오, 삶만큼이나 소중한 자여! 제가 이것을 위해 당신에게 치명적인 휴전을 동의했습니까? 우리의 맹세들, 와인과 피로 확인된 그 손들, 그리고 우리가 맹세했던 그 맹세들 모두 헛될 것입니다. 제우스는 오직 더 맹렬한 타격을 가하기 위해 준비할 뿐입니다. 트로이의 오만한 영광들이 먼지 속에 누워 있을 때, 저는 영원하신 이가 그의 모든 분노를 쏟아내고, 그들의 죄 있는 머리 위로 그의 아이기스를 흔드는 것을 봅니다. 이것은 트로이의 '스불재'입니다!

"당신의 말들이 그리스의 열정을 누그러뜨리지 않게 하십시오. 연약한 다트는 저의 운명에 죄가 없습니다. 주위에 풍부하게 수놓아진 작품들로 뻣뻣해진 저의 다양한 벨트가 날아가는 상처를 막아냈습니다."

왕에게 아가멤논이 말했다.

"저의 형제이자 저의 친구여, 이렇게 항상,

이렇게 하늘이 당신의 삶을 방어해주기를
바랍니다! 이제 어떤 능숙한 손을 찾으십시오.
전령아, 빠르게 움직여 마카온에게 명령하여
스파르타 왕에게 그의 빠른 도움을 가져오게 하라!
날개 달린 화살에 꿰뚫린 트로이의 행동은
우리에게는 슬픔이고, 적에게는 승리입니다."

  왕들의 왕(아가멤논)은 더 이상
혼란스러워하거나 비활동적이거나 두려움에 놀란
것을 보지 못했을 것이다. 그는 영광을 좋아하여
엄격한 즐거움으로 그의 뛰는 가슴은 솟아오르는
싸움을 요구했다.

  "용감한 사람들이여! 너희의 고대 용맹을
적들에게 증명하라. 제우스는 그리스와 함께 있고,
우리가 제우스를 믿게 하라. 그의 죄들이 그의
맹세를 어긴 머리 위에 무겁게 놓여 있는 죄 있는

트로이가 두려워해야 할 것은 우리가 아니다. 그리스는 그녀의 아들들과 여인들을 사슬 속에 이끌 것이고, 그녀의 죽은 용사들이 비통한 평원을 흩뿌릴 것이다."

네스토르가 말했다.

"만약 필멸의 소망이 한때 제가 끓어오르는 젊음 속에 알았던 그 힘을 새롭게 할 수 있었다면 저는 정말 잘 바랐습니다. 싸움의 들판은 젊고 대담한 이들에게 적합하고, 엄숙한 회의는 늙은이들에게 가장 잘 어울립니다. 너희에게 그 영광스러운 싸움을 나는 양도하네. 현명한 조언, 나이의 영광은 저의 몫이 되게 하십시오."

오디세우스는 왕의 꾸짖음에 얼굴을 붉혔고, 디오메데스는 침묵으로 견뎠다. 디오메데스는 왕에게 대답했다.

"저의 친구여, 그만하십시오. 당신의 열정을 억누르고 왕을 존경하십시오. 저희가 그의 대의를 따르고 그의 전쟁을 벌이는 동안 말입니다. 저희가 싸움의 들판에서 노고하는 것은 저희의 몫입니다."

그가 말했다. 그리고 열렬하게 떨리는 땅 위로 그의 전차에서 뛰어내렸다. 그의 울리는 무기들이 반향했다. 끔찍한 소음이었고, 전쟁으로 돌진하는 무장한 디오메데스에게서 난 소리였다.

첫 번째 전투: 피의 파도

마치 바람들이 점진적으로 솟아오르며, 먼저 바다들의 하얀 표면을 움직일 때처럼. 파도들이 해변을 향해 순서대로 떠다니고, 뒤의 파도는 앞의 파도 위로 굴러간다. 성장하는 폭풍과 함께 깊은 바다가 솟아오르고, 바위들 위로 거품을 내고 하늘로 천둥을 칠 때까지. 그렇게 싸움으로 두꺼운 대대들이 몰려갔다.

 이제 방패가 방패와, 투구가 투구와 닫히고, 갑옷이 갑옷과, 창이 창과 맞섰다. 그림자 같은 부대들과 함께 군대가 군대에 맞서 끌려갔다. 소리내는 다트들이 철의 폭풍들 속에서 날아갔다. 승리자들과 정복당한 자들이 뒤섞인 외침들을 합쳤다. 그리고 날카로운 함성들과 죽어가는 신음들이 솟아올랐다. 흐르는 붉은 피로 미끄러운 들판들이 염색되었다,

5

디오메데스의 활약과 신들의 개입

디오메데스의 아리스테이아 폼 미쳤다

팔라스 아테나가 티데우스의 아들,
디오메데스의 영혼에 영감을 불어넣었다. 그녀의
힘으로 그를 채우고 그녀의 모든 불꽃들로 그를
따뜻하게 했으니, 그리스인들 위로 그의 불멸의
명성을 높이고, 구별되는 찬사들로 그녀의
영웅에게 왕관을 씌우기 위해서였다.

그동안 그리스인들은 트로이 종족을 추격하고, 모든 지도자가 어떤 대담한 족장을 죽였다.

맹렬한 티데우스의 아들(디오메데스)이 격노했다. 그리스인들 한가운데, 트로이 무리들 한가운데에서, 그는 줄들을 통해 도파민 파티처럼 황홀경에 빠져 평원을 가로질러 천둥을 쳤다. 이제 여기, 이제 저기 그는 장소에서 장소로 다트를 던지고, 후방에 쏟아지고 그들의 얼굴들 속에서 번개를 쳤다. 진정한 '폼 미쳤다' 소리가 절로 나오는 '레게노'급 활약이었다.

"오, 제우스의 자손이여! 정복되지 않은 처녀여! 만약 저의 신과 같은 아버지가 당신의 도움을 받을 자격이 있었고, 만약 제가 싸우는 들판에서 당신을 느꼈다면, 이제 여신이여! 이제 당신의 성스러운 도움을 베푸소서. 오, 저의 창이 그 트로이

기사에게 닿게 하소서. 그의 화살이 당신이 싸움에서 보호하는 그 족장에게 상처 입혔으니, 그리고 그 자랑하는 이를 해변 위에서 엎드리게 하소서."

아테나는 들었다. 그의 신경들을 확고하게 하고 그의 나른한 정신들을 격려했다.

"대담하라! 모든 싸움에서 빛나라! 전쟁은 너의 영역이 되고 너의 보호는 나의 것이 되리라. 싸움으로 돌진하고 모든 적을 통제하라. 더욱이 필멸의 안개들로부터 나는 너의 눈들을 정화하네. 그리고 싸우는 신들을 볼 수 있게 하네. 이들을 너는 피하라! 만약 아프로디테가 호전적인 무리에 섞인다면, 너는 그녀에게 상처를 입힐 것이다. 그렇게 팔라스가 명령한다."

영웅은 싸움터로 격렬하게 돌진했다. 이제 열

배의 열정으로 평원을 침범하니, 자연으로 야생이 되었고 큰 고통으로 더 격분했다.

신성한 피와 여신의 고통

깊은 걱정 속에서 신성한 아이네이아스는 적의 우세와 그의 친구들이 추격당하는 것을 보았다. 그는 판다루스를 찾아 그에게 협력을 구했다. 그들이 탄 전차를 향해 디오메데스가 돌진했다.

거기서 용감한 족장(아이네이아스)은 압도되어 죽음의 영원한 그늘로 가라앉았으리라. 그러나 천상의 아프로디테가 그 사랑을 기억하고 그녀가 이다의 숲에서 안키세스에게 품었던 사랑을 기억했으니, 그의 위험을 고뇌와 절망으로 바라보고, 어머니의 보살핌으로 그녀의 자손을 보호했다. 그녀의 너무나 사랑하는 아들 주위로 그녀의 팔들을 던지고, 그녀의 팔들은 하얀 눈과 비견되었다. 그녀는 아들과의 깊은 정서적 교감을 통해 그를 지키려 했다.

그녀의 빛나는 베일 뒤에서 적으로부터 가려진 채, 소리 내는 화살들의 그녀는 그를 싸움터에서 날랐다.

그동안 격노하는 족장(디오메데스)은 아프로디테를 추격했다. 그는 부드러운 싸움들이 그 부드러운 여인에게 어울린다는 것을 알았으니, 들판에는 처음이고 여전히 명성의 적이었다.

그녀의 밝은 베일을 통해 그 대담한 무기가 몰아붙였고, 그녀의 눈 같은 손을 긁는 강철이 모독했고, 그리고 투명한 피부를 붉은 색으로 물들였다. 맑은 정맥에서 불멸의 흐름이 흘렀으니, 상처 입은 신에게서 나오는 그런 흐름이었다.

이것은 인간의 거친 피가 아닌, 신성하고 부패되지
않은 '이코르'였다.
　'마상'(마음의 상처)을 입은 아프로디테는
부드러운 비명들과 함께 그 장소를 가득 채웠고,
그녀의 연약한 포옹에서 그녀의 자손을
떨어뜨렸다.
　"제우스의 딸과 피비린내 나는 싸움들은 잘
어울리지 않네. 싸움의 들판은 너를 위한 장소가
아니다. 가라! 너 자신의 부드러운 성별이 너의
보살핌을 고용하게 하라. 가라! 겁쟁이를 달래거나
아름다운 여인을 속여라. 이 타격으로 전쟁의
경보들을 포기하는 것을 배우고, 그리고 무기들을
두려워하는 것을 배워라."

아테나의 선동과 아레스의 굴욕

헤라는 하늘에서 학살을 내려다보았고, 슬픔을 느끼며 푸른 눈의 처녀(아테나)에게 말을 걸었다.

"아레스가 반란하고, 학살로 세상이 붉게 되어 우리의 백성들에게 한 우리의 약속을 틀리게 하는 것입니까? '킹받네', 서둘러 우리 무장하자! 그리고 힘으로 힘에 맞섭시다!"

그들은 제우스에게 이 무법적인 신(아레스)을 징벌할 허락을 구했다.

"가라! 그리고 위대한 아테나가 너희를 도울 것이다. 괴물 신을 길들이는 것을 아테나는 알고, 그리고 자주 그의 야만적인 가슴에 비통함을 내린다."

아테나는 디오메데스의 전차에 올라타 고삐들을 움켜쥐었고, 그리고 아레스를 향해 거품을 내는

말을 완전히 몰아붙였다. 바로 그때 맹렬하게
돌진하며 동등한 무기들 속에 나타나니, 대담한
그리스인(디오메데스)과 전쟁의 무시무시한 신이!

아레스는 고통으로 포효했다. 천둥치는 들판을
흔들 때, 충돌하는 군대들이 내는 포효처럼
시끄럽게. 땅과 하늘은 그 소리에 다시 울려
퍼졌다.

그의 고통으로 야생이 되어 그는 밝은 거처들을
찾았고, 거기서 신들의 아버지 아래에 시무룩하게
앉았으니, 천상의 피를 보여주고 한숨과 함께
불멸의 왕좌 앞에서 그의 불평들을 이렇게
쏟아냈다.

제우스는 분노에 찬 표정으로 그를 바라보며
엄하게 말을 걸었다.

"나에게 이 배신자야! 이런 한탄하는 어조를?

무법적인 힘에 대해 무법적인 아레스가 불평하는가? 별이 박힌 하늘을 걷는 모든 신들 중에서, 너는 가장 불의하고 우리 눈에 가장 혐오스러운 자이다!"

6

글라우코스와 디오메데스, 헥토르와 안드로마케의 일화

신들이 전장을 떠나자, 그리스군이 승기를 잡기 시작했다. 트로이의 최고 예언자인 헬레노스는 형 헥토르에게 성으로 돌아가 왕비와 트로이 여인들에게 아테나 신전으로 엄숙한 행진을 하도록 지시하라고 명했다.

헥토르가 없는 사이, 전투는 잠시 소강상태에

접어들었다. 이때, 글라우코스와 디오메데스가
마주 섰다. 그들은 서로의 조상 대대로 우정과
환대의 관계를 이어왔다는 사실을 알게 되었고,
곧바로 전우애를 다지며 각자의 무기를 교환했다.
그들은 혈연을 넘어선 우정을 '알잘딱깔센'하게
지켜냈다. 헥토르는 동생 파리스를 설득하여 다시
전투에 참여하게 했고, 아내 안드로마케와 애틋한
작별 인사를 나눈 뒤 다시 전장으로 서둘러 나갔다.

신들의 부재와 영웅들의 활약

이제 하늘의 신들은 인간의 전쟁에 간섭하지
않았다. 불멸의 신들은 인간의 힘과 기술에 전장을
양보했고, 전세는 이리저리 요동쳤다. 전사들의
피로 붉게 물든 강물은 바다로 흘러들었다.

가장 먼저, 위대한 아이아스가 승리를 이끌며

빽빽한 적진을 깨뜨렸다. 다음으로, 디오메데스의 창이 부유하고 선량한 아퀼루스를 쓰러뜨렸다. 아퀼루스는 고향 아리사베 성벽 아래에서 '인류의 친구'라 불릴 정도로 환대가 넓었으나, 무서운 전쟁의 날에는 아무도 그를 지켜주지 못했다.

아가멤논과 아드라스투스의 일화

불행한 아드라스투스는 스파르타인의 창 아래 사로잡힌 포로가 되어 자비를 구하는 입장이 되었다. 그는 쓰러진 채 승리자의 무릎을 압박하며 다음과 같이 간청했다.

"오, 저의 젊음을 살려주십시오! 제가 빚진 목숨에 대한 값비싼 선물로 저의 아버지는 풍부한 놋쇠 더미들과 잘 단련된 강철 그리고 설득력 있는 황금을 당신의 천막에 셀 수 있게 할 것입니다."

그의 말에 연민이 영웅의 심장을 건드렸고, 아가멤논은 창을 든 채 잠시 멈췄다. 그때, 엄격한 메넬라오스가 격분하며 달려와 아가멤논에게 말했다.

"오, 무력한 자여! 이들이 아가멤논의 자비를 찾을 것입니까? 당신은 오만한 트로이의 배신적인 땅을 잘 알고, 그녀의 원주민들이 당신의 손에서 받을 만한 것을 잘 압니다! 그 종족의 어떤 한 명도, 성별도 나이도 우리의 끝없는 분노로부터 트로이인을 구원하지 못할 것입니다. 일리온 전체가 멸망하고 모든 것을 묻으리라. '이생망' (이번 생은 망했다)이 되게 하십시오!"

메넬라오스의 말은 형제의 가슴을 엄격한 정의로 단련시켰다. 아가멤논은 무릎에서 불행한 족장을 맹렬하게 밀쳤고, 그의 창이 아드라스투스를 먼지 속에 펼쳐놓았다. 늙은 네스토르는 이 모든 것을 보고 용사들의 분노를 깨웠다.

"영웅들이여, 활기차게 싸우십시오! 적이 남아 있는 동안, 어떤 전사도 내려와 노예 같은 이득을 위해 전리품을 만지지 마십시오. 먼저 정복을 얻고, 그런 다음 노고에 보상하십시오."

헥토르의 귀환과 글라우코스-디오메데스의 교환

만약 현명한 헬레노스가 상황을 바로잡지 않았더라면, 그리스는 영원한 명성을 얻었을 것이고, 겁에 질린 트로이는 성벽 안으로 물러났을 것이다. 헬레노스는 신들에게 배운 지혜를 헥토르에게 전했다.

"오, 관대한 족장들이여! 당신들은 이 나라의

희망입니다. 그동안 당신, 헥토르여, 도시로 물러가십시오. 그리고 신들이 요구하는 것을 우리 어머니에게 가르치십시오. 왕비에게 아테나 신전으로 엄숙한 행진을 하도록 지시하십시오. 티데우스의 아들(디오메데스)의 황폐한 분노를 멀리 돌려놓기를 바랍니다. 아킬레우스는 그렇게 우리 군대에게 두려움을 가르치지 않았습니다. 끝없는 분노 속에서, 그를 이기기 위해서는 신의 도움이 필요합니다."

디오메데스가 먼저 글라우코스에게 말했다.

"당신은 누구십니까, 인간 종족 중에서 가장 대담한 자? 만약 당신이 하늘에서 내려왔다면, 불멸의 신들과는 우리는 더 이상 다투지 않는다는 것을 알아주십시오. 하지만 만약 당신의 탄생이 인간적인 것이라면, 당신이 아무리 대담할지라도 다가와 죽음의 어두운 문들로 들어오십시오."

글라우코스가 대답했다.

"족장께서 누가 저의 아버지이고, 제가 어디서 왔는지 물으실 수 있습니까? 인간들의 종족은 나무들의 잎들처럼 발견됩니다. 지금 젊음 속에서 푸르고, 이제 땅 위에서 시들고 있습니다. 그러나 만약 당신이 저의 탄생을 여전히 찾으려 한다면, 넓은 땅을 가득 채우는 이야기를 들어주십시오."

글라우코스의 이야기를 들은 디오메데스의 심장은 황홀경으로 가득 찼다. 그는 창을 고정하고 우호적으로 글라우코스에게 말했다.

"환영합니다, 저의 용감한 유전적인 손님이여! 이렇게 항상 우리는 친절한 포옹으로 만납시다. 우리의 종족의 성스러운 우정을 더럽히지 않도록 말입니다. 이것을 명심하고 우정 속에서 우리는

연합합시다. 당신과 디오메데스는 더 이상 적이
아닙니다. 이제 우리는 무기들을 교환하고, 우리의
혈통의 우정을 양쪽 군대에게 증명합시다."

 이렇게 말하고 용감한 족장들은 말에서 내렸다.
그들은 서로 손을 맞잡고 상호간의 믿음을
약속했다. 용감한 글라우코스는 그때 모든 좁은
생각들을 포기했다. 제우스가 그의 가슴을
따뜻하게 하고 그의 마음을 넓혔으니, 아홉 마리의
소들이 지불된 천박한 가격의 놋쇠 무기를 위해,
그는 그의 것, 백 마리의 소들이 구매를 위해
지불된 신성하게 만들어진 금을 디오메데스에게
주었다. 마치 '탕진잼'(돈 쓰는 재미)에 빠진 것처럼
후회 없이 통 크게 베푼 것이다.

헥토르와 안드로마케의 애틋한 작별

 그동안 트로이의 수호자 헥토르는 스카이아 문으로 들어갔다. 왕족의 어머니 헤카베가 아들을 붙잡고 포옹하며 와인을 권했지만, 헥토르는 피로 더럽혀진 손으로 신에게 기도하는 것은 어울리지 않는다며 거절했다.

 "저는 부드러운 파리스를 전쟁으로 깨우러 가겠습니다. 오, 만약 친절한 땅이 그 혐오스러운 불쌍한 자, 트로이의 그 역병을 껴안았더라면! 깊이 어두운 심연으로 그가 내려갔더라면, 트로이는 여전히 번성하고 저의 슬픔은 끝났으리라!"

 헥토르는 파리스의 화려한 집으로 갔다. 파리스는 쓸모없는 무기들을 닦고 있었다. 헥토르는 그에게 '고답이'처럼 굴지 말라고 크게 분개하며 말했다.

"트로이에 대한 당신의 증오를 보여주기에는 지금이 때입니까? 오, 불운한 자여, 그리고 당신 나라의 적이여! 당신 때문에 위대한 일리온의 수호 영웅들이 쓰러집니다. 배은망덕한 인간아! 우리의 군대를 격려하고 우리의 노고를 나누는 것이 당신의 보살핌을 받을 자격이 없습니까?"

파리스가 대답했다.

"형제여, 당신의 비난은 진실을 증명합니다. 이제 영광이 그녀의 매력들을 펼치고, 아름다운 헬레나가 그녀의 족장을 무기로 부릅니다. 오늘 저의 더 행복한 검이 승리를 축복할 수도 있고, 싸우는 것은 인간의 몫이지만 성공을 주는 것은 하늘의 몫입니다. 제가 무장하는 동안 당신의 열렬한 마음을 억제하십시오. 파리스는 뒤처지지 않을 것입니다."

그때 헬레나가 겸손한 우아함으로 시작했다. 그녀는 여전히 죄책감에 시달리고 있었다.

"오, 관대한 형제여! 하늘이 원했더라면, 이 모든 끔찍한 행동이 행해지기 전에 저의 죽음을 보았더라면 좋았을 것입니다. 저는 적어도 어떤 미덕, 어떤 명성에 대한 존경심으로 따뜻해진, 더 용감한 배우자를 주장할 수 있었을 텐데! 이제 노고에 지쳐 당신의 사지를 기대게 하십시오."

헥토르가 대답했다.

"지금은 쉬는 것을 금합니다. 적대적인 분노에 압박받은 트로이 부대들은, 그들의 헥토르를 요구하고 그의 팔을 필요로 합니다. 제가 그 끔찍한 싸움에 섞이기 전에, 저의 아내, 아기 그리고 저의 가족이 잠시 동안 머무는 것을 요구합니다. 오늘 아마도 저를 여기에서 보는 것이 마지막 날일 테니

작별의 말과 애틋한 눈물을 요구합니다."

헥토르와 안드로마케의 만남

 헥토르는 그의 배우자, 그의 영혼의 훨씬 더 소중한 부분인 안드로마케를 찾기 위해 지나갔다. 그녀는 유모와 아들 아스티아낙스와 함께 일리온의 탑 높은 곳에 서서 전쟁을 보았으며 그 광경에 괴로워하고 있었다. 스카이아 문에서 그 슬퍼하는 안드로마케를 만났다.

 안드로마케는 눈물을 흘리며 헥토르에게 애원했다.

 "너무 대담한 왕자여! 아, 어디로 당신은 달려가십니까? 아, 당신의 아내와 아들을 너무나 잊으셨군요! 저는 과부가 되고 그는 무력한 고아가 될 것입니다! 확실히 그런 용기는 삶의 길이를 거부하고, 당신은 쓰러져야 하고 당신의 미덕의 희생이 되어야 합니다. 오, 신들이여! 헥토르가 그의 운명을 만나기 전에, 제가 하늘에 요청할 수 있는 모든 것, 이른 무덤을 허락하십시오!

저의 헥토르가 여전히 살아 있는 동안 저는 저의 아버지, 어머니, 형제들 모두를 당신 안에서 봅니다! 저의 헥토르여! 당신은 저의 '최애'(최고로 애정하는 존재)입니다. 당신은 모든 것입니다. 가장 취약한 저 곳, 야생의 무화과나무들이 트로이 성벽에 합류하는 곳을 방어하십시오. 거기 저의 헥토르를 머물게 하고 그의 트로이를 지키십시오."

족장이 대답했습니다.

"그 장소는 저의 보살핌이 될 것입니다. 저의 어린 시절은 호전적인 고통들로 길러졌고, 저의 영혼은 저를 전투에 나선 평원으로 충동합니다!

제가 맨 앞에서 왕좌를 방어하게 하십시오. 그러나 올 것입니다. 운명이 정한 그날은! 당신, 제국의 트로이가여, 고개를 숙여야 할 그날은, 그리고 당신의 용사들이 쓰러지고 당신의 영광이 끝나는 것을 보아야 할 그날은 올 것입니다. 안드로마케여!

당신의 슬픔들이 저를 두렵게 합니다. 저는 당신이 떨고 울고 포로로 이끌려가는 것을 봅니다! 아르고스의 베틀에서 고통을 겪거나, 물을 나르기 위해 승리자의 힘든 명령을 견디기 위해서 말입니다. 당신의 눈물들을 보는 어떤 오만한 그리스인이, 저의 이름을 언급함으로써 당신의 모든 비통함을 쓰라리게 할 것입니다. 오! 저는 그 무서운 날 전에 차갑게 누워 있기를 바랍니다. 당신의 헥토르는 영원한 잠 속에 싸여, 당신이 한숨 쉬는 것도 듣지 못하고 당신이 우는 것도 보지 못할 것입니다."

 이렇게 말하고 헥토르는 사랑스러운 아들 아스티아낙스를 껴안으려 팔을 뻗었다. 아기는 눈부신 투구와 끄덕이는 깃털 장식 투구에 겁먹어 울며 유모의 가슴에 매달렸다. 은밀한 즐거움으로 각 애정 어린 부모는 미소 지었고, 헥토르는 서둘러 그의 아이를 안심시켰다. 빛나는 투구를 땅 위에 놓은 뒤, 아이에게 입 맞추고 공중에 높이 들어 올리며, 아버지의 기도를 신들에게 바쳤다.

 "오, 당신이여! 저의 아들을 보호하십시오! 그에게 저와 같이 정당한 명성을 얻게 하십시오. 트로이인들을 지키고 왕관을 방어하게 하십시오. 그리하면 온 군대들이 마땅한 환호로 그에게 인사할 것이고, 그리고 말하리라. '이 족장은 그의 아버지의 명성을 넘어선다'라고 말입니다."

헥토르는 그녀의 매력들을 애정 어린 시선으로 바라보며, 아기를 안드로마케의 팔로 돌려주었다. 그녀는 부드러운 가슴 위에 아기를 눕히고, 미소와 애틋한 눈물을 섞었다. 부드러워진 헥토르는 떨어지는 눈방울들을 닦고 이렇게 계속했다.

  "안드로마케여! 저의 영혼의 훨씬 더 좋은 부분이여, 왜 때 아닌 슬픔들로 당신의 심장이 부풀어 오르는 것입니까? 어떤 적대적인 손도 저의 운명을 앞당길 수 없습니다. 운명이 저를 고요한 무덤으로 비난할 때까지는 말입니다. 하지만 당신의 집에서의 임무들로 서두르십시오. 싸움의 들판은 남자들을 위한 영역입니다. 영웅들이 싸우는 곳에서 저는 맨 앞자리를 주장합니다. 명성에서 첫 번째인 만큼 위험에서도 첫 번째입니다."

헥토르는 다시 검은 투구를 썼고, 그의 왕녀는 예언적인 한숨과 함께 헤어졌다. 그녀의 궁전으로 돌아가, 그녀의 눈물들이 그 신과 같은 사람을 애통하는 동안, 시녀들은 살아 있는 헥토르를 죽은 이처럼 슬퍼했다.

　파리스는 이제 더 이상 명예의 부름에 귀머거리가 아니었다. 그는 빛나는 무기들 속에 싸여 빠르게 도시를 통해 돌진했다. 고귀한 헥토르는 파리스에게 대답했다.

　"오, 족장이여! 흘리는 피 속에서 그리고 무기들 속에서의 동맹이여! 당신의 용기와 당신의 힘은 인정받았습니다. 저는 당신의 명성을 믿습니다. 그러니 서둘러 그들의 영광스러운 노고들 모두를 공유하십시오. 왜냐하면 그들은 당신을 위해 전쟁에서 많은 고통 받고 있습니다."

7

헥토르와 아이아스의 일대일 결투

장소 배경: 전적으로 들판.
시간 배경: 결투 후 3일간의 휴전 및 요새 건설.

 헥토르의 복귀로 전투가 두 배의 열정으로 재개되자, 아테나는 그리스인들에 대한 불안감을 느꼈다. 올림푸스에서 내려온 그녀는 아폴론과 만나 그날의 대규모 교전을 미루기로 합의했다.

그들은 헥토르가 그리스인들에게 일대일 결투를
제안하도록 부추겼다.

  트로이의 수호자 헥토르는 스카이아 문을 통해
격렬하게 돌진했고, 파리스도 끔찍한 경보들과
함께 그를 따랐다. 둘 다 학살을 내뿜으며 무장
속에 단호했다. 그리스인들은 이들의 등장에
기운을 차리고 전쟁은 다시 불붙었다.

  아폴론과 아테나는 버즘나무 그늘 아래에
독수리 모습으로 숨어 앉아 싸움을 관망했다.
현명한 헬레노스가 신들의 비밀스러운 의회를
알고 헥토르에게 전했다.

  "오, 프리아모스의 아들이시여, 당신의 친구이자
형제의 말을 들으십시오! 잠시 동안 전쟁하는
민족들이 그들의 분노를 중단하게 하십시오. 그런
다음 적대적인 무리들 중에서 가장 대담한 자에게

정렬된 평원 위에서 치명적인 싸움을 위해
도전하십시오. 왜냐하면 오늘 당신의 영광스러운
날짜는 끝나지 않을 것이기 때문입니다. 신들이
그것을 말했고, 그들의 목소리가 운명입니다."

 헥토르는 그 말을 기쁨으로 들었고, 그의 창으로
트로이 군대를 억제했다. 양쪽 군대는 숨을 쉬고
전쟁의 소동을 잠재웠다. 헥토르가 먼저 침묵을
깨고 엄숙하게 말을 걸었다.

 "모든 트로이, 모든 그리스 부대들이여,
들으십시오. 저의 영혼이 충동하고 어떤 신이
명령하는 것을 말입니다. 너희 그리스인들의
왕자들이여, 나타나십시오! 헥토르가 싸움을
도전합니다. 만약 제가 전투의 우연에 의해 죽임을
당한다면, 저의 무기는 그의 것이 되게 할
것입니다. 그러나 저의 몸은 저의 친구들에게

돌려보내져, 트로이인의 불꽃들로 태워지게 할 것입니다. 만약 아폴론이 너희의 대담한 옹호자를 먼지 속에 펼쳐놓는다면, 저는 그의 무기를 포이보스의 신전에 바칠 것입니다. 너희의 함대로 보내진 시신은, 그리스는 해변에 기념물을 세울 것입니다. 먼 시대들은 승리자의 명성을 배울 것입니다."

이 맹렬한 도전에 그리스는 놀라며 들었다. 그리스 영웅들은 '갑분싸'가 된 분위기 속에서 거절하자니 영웅으로서 체면이 구겨졌고, 받자니 헥토르의 '폼 미쳤다'는 기세에 두려움을 느꼈다.

메넬라오스와 네스토르의 촉구

메넬라오스가 먼저 침묵을 깼고, 속으로 신음하며 모욕적으로 말했다.

"오, 그리스의 여인들이여, 오 너희 종족의 수치여! 너희의 비겁한 영혼들이 너희의 남성적인 형태를 불명예스럽게 하는구나. 나 자신이 오늘의 위험을 감행할 것입니다. 그러나 하느님의 손 안에 승리가 있습니다."

메넬라오스는 무장하려 했으나, 왕들의 왕 아가멤논이 그의 손을 압박하며 말했다.

"오, 메넬라오스여, 어디로 너는 달려가려 하는가, 그리고 신중함이 너에게 피하라고 명령하는 운명을 유혹하는가? 위대한 헥토르의 팔은 당신의 것보다 훨씬 더 강력합니다. 심지어 맹렬한 아킬레우스도 그것의 힘을 두려워하는 것을 배웠습니다. 당신은 안전하게 앉아 계십시오, 당신의 사회적인 무리들 한가운데서. 그리스는 우리의 대의를 위해 어떤 강력한 손을 무장시킬 것입니다."

아가멤논의 조언에 메넬라오스는 이성에 고개를 숙이고 분노를 포기했다.

그때, 진지한 네스토르가 우아한 행동으로 일어나 왕들에게 말했다.

"무슨 슬픔, 무슨 수치심이 그리스에게 따르는 것입니까! 아아, 그녀의 백발의 영웅들이 얼마나 슬퍼하겠습니까, 그들의 퇴보한 아들들 그리고 그들의 종족에 대한 경멸을 말입니다! 신들이여, 그가 우리의 용사들이 떨고 있는 것을 보았다면, 한 명의 적대적인 손 앞에서 말입니다! 오, 모든 불멸의 힘들이 나의 젊음을 새롭게 해 주었더라면!"

네스토르는 젊은 시절의 자신의 영웅담을 이야기하며 왕들을 꾸짖었다. 그의 따뜻한 꾸지람은 경청하는 왕들을 불태웠고, 곧바로 아홉 명의 가장 고귀한 영웅들이 격렬하게 일어섰다. 이들은 아가멤논, 디오메데스, 아이아스(텔라몬의 아들), 오일레우스의 아들 아이아스, 이도메네우스, 메리오네스, 에우뤼퓔루스, 토아스, 그리고 오디세우스였다. 이들은 그리스의 '육각형 인간'들처럼 모든 면에서 뛰어났다.

아이아스의 승리 그리고 우정의 교환

그들에게 네스토르가 말했다. "영광의 갈증이 너희의 용감한 영혼들을 나누지 않도록, 어떤 족장이 싸울지는 신들이 결정하게 하십시오."

제비뽑기가 진행되었고, 백성들은 간절히 기도했다. 네스토르가 투구를 흔들었고, 모든 그리스인들이 갈망했던 그 제비가 튀어나왔다. 바로 텔라몬의 아들 아이아스의 것이었다.

그는 기쁨으로 외쳤다.

"용사들이여, 저는 그 제비를 요구합니다. 그리고 기쁨으로 무장합니다. 이 트로이 족장의 정복은 저의 것이 되게 하십시오! 싸움의 모든 노고들에서 길러진 아이아스는 땅 위에서 어떤 힘도 두려워하지 않습니다."

아이아스는 그의 눈부신 갑옷을 묶었다. 빛나는 강철로 싸인 그 거인 용사는 장엄한 걸음으로 싸움을 향해 움직였다. 그리스인들은 환호했고, 모든 트로이는 그 강력한 사람에게 떨며 서 있었다. 심지어 헥토르도 멈추고 새로운 의심에 압도되어, 그의 위대한 심장이 그의 가슴 속에서 멈춰진 것을 느꼈다.

아이아스는 놋쇠 탑처럼 들판을 내려다보았다. 그의 방패는 질긴 소가죽 일곱 겹으로 덮여 있었고,

놋쇠가 마지막 층이었다.

 "헥토르여, 저의 팔에 다가와 홀로, 당신이 가진 힘 그리고 그리스인 적이 가진 힘이 무엇인지 아십시오. 아킬레우스는 싸움을 피합니다. 그러나 아직 몇몇 사람들이 있습니다, 영혼이 부족하지 않고 전쟁에서 서투르지 않은 사람들이 말입니다. 나인 그대로 저는 당신의 힘을 증명하러 왔습니다. 갑자기 싸움을 시작하십시오."

 "오, 텔라몬의 아들이시여, 당신 나라의 자랑이시여! 당신은 당신의 무기들에 합당한 족장을 만납니다. 저는 싸움을 위해 태어났고 경보들 한가운데서 길러졌습니다. 우리의 싸움은 공개적이고, 각 타격은 대담하게 하십시오. 저는 고귀한 적으로부터 정복을 훔치지 않습니다."

 헥토르가 먼저 창을 던졌다. 맹렬한 무기가 여섯

개의 소가죽을 뚫고 들어갔지만, 일곱 번째 층에
박혔다. 그런 다음 아이아스가 던진 창은 헥토르의
방패를 뚫고 코르셋에 들어가 그의 옷을 찢었다.
헥토르는 몸을 굽혀 그 타격을 피했다.

그들은 창을 잡아당기고 가까이 다가가 산
사자들처럼 맹렬하게 싸움을 다시 시작했다.
헥토르는 그의 창을 아이아스에게 뻗었지만, 끝이
방패에 맞서 굽혔다. 그러나 아이아스의 놋쇠 창은
헥토르의 목에 닿았고, 검은 피가 뿜어져 나와 그의
방패를 흐릿하게 했다.

헥토르는 부싯돌 조각을 들어 올려 아이아스의
방패에 내리쳤고, 놋쇠 보스가 반향했다. 그런 다음
아이아스는 폭풍 같은 힘으로 바위 조각을 던져,
헥토르의 방패를 깨뜨리고 그를 땅에 쓰러뜨렸다.
아폴론의 힘이 그의 힘줄을 회복시켜 싸움을 위해

그를 다시 일으켰다.

 두 영웅이 검을 뽑고 싸우려 할 때, 전령들이 그들의 평화로운 홀을 들어 올리고 명령했다.

 "나의 아들들이여, 너희의 더 이상의 힘을 증명하는 것을 멈추십시오. 이제 밤이 그녀의 위엄 있는 그늘을 펼칩니다. 밤에 복종하십시오."

 헥토르가 아이아스에게 말했다.

 "용감한 아이아스, 당신의 그리스인 친구들에게 돌아가십시오. 이제 호전적인 법이 우리에게 삼가라고 명령합니다. 이후에 우리는 영광스러운 전쟁에서 만날 것입니다. 그러나 이 기억할 만한 날에 우리, 어떤 선물을 교환합시다. 그래서 그리스와 트로이가 말할 수 있도록 말입니다. '증오가 아니라 영광이 이 족장들을 다투게 했네. 그리고 각 용감한 적은 그의 영혼 속에서 친구였네.'"

　헥토르는 은빛 별들로 장식된 검을
그리스인에게 주었고, 관대한 아이아스는
자주색으로 빛나는 벨트를 주었다. 그들의 행위는
'알잘딱깔센'(알아서 잘 딱 깔끔하고 센스있게)하게
적대적인 상황에서도 상대를 존중하는 '국룰'(국민
룰)을 지켜낸 '인생작'이었다.

휴전과 그리스의 요새건설

　그날 밤, 트로이 귀족들은 회의에 앉았다.
안테노르는 헬레나를 그리스인들에게 넘겨주자고
제안했으나, 파리스는 그녀가 가져온 재물들만
돌려주겠다고 했다. 파리스는 여전히 '고답이'
(고구마 먹은 듯 답답한 사람)처럼 행동하며
상황의 심각성을 깨닫지 못했다.

이튿날, 전령이 그리스인들에게 파리스의 제안과 휴전 요청을 전달했다. 디오메데스가 일어나 말했다.

"오, 친구들이여, 너희의 명성을 빼앗긴 채, 그들의 제안된 부를 혹은 심지어 스파르타의 그 여인을 취하지 마십시오. 정복이 그들을 우리의 것으로 만들게 하십시오. 운명이 그들의 성벽들을 흔들고, 그리고 트로이는 이미 그녀의 몰락을 향해 흔들립니다."

  왕들의 왕 아가멤논은 디오메데스의 말에 동의하며, 휴전 요청만을 받아들였다.

"저는 죽은 이들과 싸우지 않습니다. 가서 너희의 학살당한 족장들을 저기 평원에서 찾으십시오. 그리고 죽은 이들의 영혼들을 만족시키십시오."

양측 군대는 죽은 이들의 시신을 수습하고 장례식을 치렀다.

장례식이 끝난 후, 그리스인들은 네스토르의 조언에 따라 그들의 함대와 진영을 보호하기 위해 요새를 짓기로 했다. 그들은 높은 탑들로 성벽을 보강하고 깊은 해자와 강한 말뚝으로 방어할 성벽을 세웠다. 이 성벽 건설은 그리스인들에게 '소확행'을 주었다.

밤새도록 양측 군대는 잔치를 벌였지만, 제우스는 천둥과 번개로 트로이인들의 사기를 꺾었다.

"내일의 빛은 그의 피 묻은 전리품들이 승리 속에 날라지는 것을 볼 것입니다. 이 날카로운 투창으로 그의 가슴이 꿰뚫릴 것이고, 그리고 엎드려진 영웅들이 그들의 영주 주위에서 피 흘릴 것입니다.

다음 동이 트는 것이 그들이 즐길 마지막 것이 될 것이므로, 그리스인들을 부수고 트로이의 비통함들을 끝낼 것입니다."

 헥토르의 연설에 박수갈채의 함성이 해변을 따라 반향했다. 그들은 밤새도록 진영에서 보초를 서며 '존버하다'(끝까지 참고 버티다)는 마음으로 아침을 기다렸다.

8

두 번째 전투 그리고 그리스인들의 고난

장소 배경 : 해변 쪽의 들판

제우스의 절대적인 선언

새벽이 밝자, 제우스는 올림푸스의 구름 낀 정상에서 신들의 회의를 소집하고 절대적인 명령을 내렸다.

"불멸의 신들이여, 귀 기울이십시오. 어떤 신이

저 금지된 들판으로 들어가는가, 도움을 베풀거나 도움을 베풀기를 원하는가, 수치심과 함께 하늘로 다시 내쫓길 것입니다. 혹은 멀리 어두운 타르타로스의 골짜기에서 낮게 신음하리라. 나를 유혹하는 자는 그 끔찍한 거처들을 두려워하십시오. 너희 모든 힘들을 동맹으로 맺으십시오. 그러면 너희 위의 힘들이여, 모두 합류하여 제우스의 전능함을 시험하십시오. 너희는 헛되이 노력합니다. 만약 제가 이 손을 뻗기만 한다면, 저는 신들과 바다 그리고 땅을 들어 올릴 것입니다. 저는 그런 존재로 끝없고, 위에 군림합니다. 그리고 인간들과 신들은 제우스와 비교하면 그런 존재들입니다."

제우스의 명령은 '박박' 무서웠고, 경건한 공포가 모든 하늘을 침묵시켰다. 아테나만이 그의 허락을 얻어 그리스인들을 그녀의 조언으로 인도할 수 있게 되었다.

그리스의 몰락과 디오메데스의 용기

양측 군대가 전투에 돌입했다. 상호간의 죽음이 전쟁의 운명을 혼란스럽게 했지만, 태양이 하늘의 높이에 오르자, 제우스는 그의 황금 저울에 그리스와 트로이의 운명을 달았다. 그리스의 저울은 땅에 낮게 가라앉고, 트로이의 것은 하늘을 때렸다.

제우스는 이다의 정상에서 그의 공포들을 퍼뜨렸다. 두꺼운 번개들이 섬광을 내고, 중얼거리는 천둥이 굴러갔다. 그의 분노 앞에서 떨리는 그리스 군대는 후퇴했다.

네스토르만이 위험에 처한 채 들판에 남았다.

그의 말이 파리스의 다트에 맞아 쓰러졌기 때문이다. 그때 디오메데스가 달려와 네스토르를 구출했다.

"아버지여, 당신의 정맥들은 더 이상 고대의 활력으로 빛나지 않고, 당신의 하인은 약하고 당신의 말들은 느립니다. 그러니 서둘러 저의 자리에 올라 전쟁에서 유명한 트로스의 말들을 관찰하십시오. 이들과 함께 저희는 저기 트로이인들에게 맞서 갈 것입니다. 위대한 헥토르는 동등한 적이 부족하지 않을 것입니다."

네스토르는 그의 조언을 승인하고 디오메데스의 전차에 올랐다. 디오메데스는 헥토르에게 창을 던졌지만 빗나갔고, 대신 그의 마부 에니오페우스의 가슴에 박혔다. 헥토르는 그의 죽은 하인을 위해 슬퍼했다.

디오메데스가 맹렬하게 몰아붙이자, 그때
제우스가 이다의 정상들 위로 거대한 천둥을
굴렸다. 디오메데스의 얼굴에 정통으로 번개가
날아갔다. 땅은 유황의 푸른 불꽃을 일으켰다.

 네스토르는 떨리는 손으로 고삐를 떨어뜨렸다.
"오, 족장이시여, 당신의 친구의 방어에서 너무
대담하십니다. 조언을 받아 물러가고, 여기서부터
전차를 재촉하십시오. 오늘 반대하는 하늘의
주권자는 위대한 헥토르를 돕고, 우리의 영광을
부정합니다."

 디오메데스는 대답했다.
"아, 얼마나 큰 슬픔인가, 오만한 헥토르가 제가
영광 없이 달아났다고 자랑한다면 말입니다. 그
끔찍한 불명예가 저의 명성을 더럽히기 전에,
땅이여, 저를 덮으십시오. 그리고 용사의 수치를

숨기십시오! 알빠노? (내가 알 바 아니다) 저는 그의 자랑이 두렵지 않습니다. 저는 '중꺾마' (중요한 것은 꺾이지 않는 마음)로 다시 일어설 것입니다."

결국 그들은 물러날 수밖에 없었다. 헥토르는 승리에 도취하여 그들을 향해 크게 외쳤다.

"가십시오, 강력한 영웅이여! 회의의 자리들과 호화로운 연회에서 가장 영광을 받은 너여! 이제 너의 무리들로부터 그 영예들을 더 이상 바라지 마십시오. 남자의 모습으로 여자보다 못한 채로 가십시오! 너의 한때의 오만한 희망들은 달아났습니다, 건방진 왕자여!"

헥토르는 승리의 신호인 제우스의 천둥을 듣고 트로이인들에게 '가보자고' 외쳤다.

"모든 트로이, 뤼키아, 다르다니아인

부대들이여, 들으십시오! 제우스의 목소리를
들었습니까? 성공과 명성이 트로이를 기다리고,
그리스에는 영원한 수치심이 기다립니다! 우리의
말들은 그들의 무시된 해자를 높이 뛰어넘고, 곧
너희들의 속이 빈 배들 앞에 우리가 서자마자,
각자가 불꽃들로 싸우고 불타는 나뭇조각을
던지십시오. 갇힌 모든 그리스는 하나의 불꽃
속에서 소멸할 때까지 말입니다. 가보자고!"

신들의 좌절과 테우케르의 부상

황홀한 기운이 그리스인들을 사로잡았고,
군대들은 되살아나 두 배의 분노로 트로이를 향해
몰아붙였다.

디오메데스가 다시 선봉에 서서 트로이 군대를
찢었다. 뒤이어 아가멤논, 아이아스 그리고 궁수

테우케르가 활약했다. 테우케르는 텔라몬의 방패 뒤에서 안전하게 몸을 숨긴 채, 화살로 8명의 트로이 영웅을 죽였다. 그의 활솜씨는 '레게노'급이었다.

아가멤논은 기쁨으로 외쳤다.

"오, 영원히 소중한 젊은이여! 당신의 용감한 본보기는 우리의 군대를 회복시킬 것이고, 당신의 나라의 구원자이고 당신 아버지의 자랑입니다! 제가 트로이의 탑들을 부수는 것을 신들이 준다면, 어떤 황금 삼각대 혹은 구별되는 전차를 당신에게 줄 것입니다."

테우케르가 활을 당겨 헥토르를 향해 겨냥할 때마다, 아폴론이 그 화살을 돌렸다.

결국, 헥토르가 돌을 잡고 테우케르를 향해 돌진했다. 헥토르가 발사한 거친 돌은 테우케르의 어깨에 박혔고, 활시위가 터지고 활을 놓게 했다. 그는 쓰러졌고, 아이아스가 그의 넓은 방패를 펼쳐 그의 형제를 가렸다.

승리한 헥토르와 밤샘 진영

트로이는 아직 올림푸스의 아버지 앞에서 은혜를 찾았으니, 제우스는 그들의 손을 무장시키고 그들의 가슴을 불꽃으로 채웠다. 격퇴당한 그리스인들은 그들의 성벽들 뒤로 후퇴하고, 혹은 해자 속에서 무질서하게 쓰러졌다. 맹렬한 헥토르가 전차 위에서 그들의 모든 군대를 시들게 했다.

밤이 전투를 끝냈다. 승리한 트로이인들은 들판에 머물렀고, 헥토르는 함대 성벽들 근처에서 호전적인 회의를 소집했다.

"내일의 빛은 그의 피 묻은 전리품들이 승리 속에 날라지는 것을 볼 것입니다. 그리스인들을 부수고 트로이의 비통함들을 끝낼 것입니다."

헥토르의 연설에 박수갈채의 함성들이 해변을 따라 반향했다. 그들은 모든 들판에 수많은 불을 피우고, 무장한 채 밤을 보냈다. 그들의 눈에는 내일의 승리를 향한 '원영적 사고'(모든 일은 나에게 좋은 일)만이 빛나고 있었다.

9

아킬레우스에게 사절단을 보내다

시간 배경 : 27일째 되는 밤
장소 배경 : 그리스 선박들이 정박한 해변

트로이의 기쁨, 그리스의 절망

트로이인들은 들판에 불을 밝히고 승리에 취해 기뻐하며 밤샘 보초를 섰다. 하지만 그리스인들의 진영에는 두려움과 수치 그리고 창백한 절망의 그림자가 드리워 모든 이의 심장을 짓눌렀다.
그리스인들의 절망은 마치 '갑통알'(갑자기 통장을
보니 알바해야겠다)을 깨달은 학생의 마음처럼
절망적이었다.

아가멤논의 절망적인 제안

"오, 그리스의 아들들이여! 너희의 지도자의
고통을 함께 나누십시오. 무기 속의 동료들이여!
저희는 편파적인 제우스에게 너무나 정당하게
불평하고 있습니다. 우리의 노고에 대한 안전한
귀향이 약속되었는데, 이제 수치스러운 비행만이
군대를 구할 수 있습니다. 우리의 재산, 우리의
백성들 그리고 우리의 영광을 잃은 채 말입니다.
그렇게 제우스는 결정합니다. 그러니 서둘러
영원히 이 치명적인 들판들을 떠납시다. 모든

돛들을 펼치고 노들을 사용하시오. 그리고 하늘이
수호하는 트로이의 몰락을 희망하지 마십시오."

  그가 말하자 그리스인 무리는 깊은 침묵에
빠져들었다. '노잼' 같은 절망적인 분위기 속에서
그들은 움직이지 않고 서 있었다.

디오메데스의 '중꺾마' 정신

  이 절망적인 분위기 속에서, 디오메데스가
왕에게 눈을 굴리며 단호하게 반대했다.
"왕자여, 제가 당신에게 반대한다면 당신의
분노를 억제하십시오. 당신이 먼저 그리고
당신만이 싸움의 들판들에서 저의 용기를
모욕하고 저의 힘을 더럽히는 것을 감행했습니다.
왕이시여! 신들은 당신에게 홀들과 넓은 지휘를
주었지만, 세상을 통제할 수 있었을 가장 고귀한

힘을, 용감하고 덕 있는 영혼을 주지 않았습니다.
이것이 한 장군의 목소리입니까? 자신의 것과 같은
두려움들을 모든 그리스인의 가슴에 제안하려는
그 목소리 말입니다.

 가십시오, 영광 없는 자여! 당신은 배들을 많이
가지고 있고 바다에 가장 가깝게 있습니다. 여기
그리스는 머물 것입니다. 만약 모든 그리스가
물러난다 해도, 나 자신만은 머물 것입니다.
트로이와 내가 소멸할 때까지. 나 자신과
스테넬루스는 명성을 위해 싸울 것입니다.
'중꺾마'가 중요합니다! 신이 저희에게 싸우라고
명령했고 저희는 신과 함께 왔습니다."

 디오메데스가 멈추자, 그리스인들은 큰
환호들을 올렸다.

네스토르의 지혜로운 중재

 현명한 네스토르가 일어나자 군중들은 고요한 주의 속에 들었다.

 "오, 진정으로 위대한 이여! 당신 안에서 신들이 몸의 그런 힘과 마음의 그런 힘을 합쳤습니다. 당신의 지혜가 움직이는 이 유익한 조언들을, 그리스가 공동의 목소리로 승인합니다. 저주받은 자이고 법과 권리가 부족한 자는, 전쟁을 기뻐하는 그 불쌍한 자, 그 괴물입니다!

 오늘 밤 너의 무리를 회복시키고 강화시켜라. 너, 오 왕이여, 늙은이들을 회의에 부르라. 트라키아 와인들로 너의 영광스러운 손님들을 보충하라. 왜냐하면 행복한 조언들은 제정신인 잔치들로부터 흐르기 때문이다. 내일 트로이는 불꽃을 일으키거나 그리스는 쓰러져야 할 것입니다."

네스토르의 조언에 따라 보초들이 배치되었고, 왕자들은 다시 회의를 열었다. 아가멤논은 그의 넓은 천막에서 왕자들을 소집했고, 잔치가 끝났을 때 네스토르가 다시 연설했다.

  "오, 민족들의 군주여! 왕자여, 너는 말하고 듣는 것이 똑같이 어울립니다. 네가 펠리데스의 천막에서 그 처녀를 강제로 데려갔을 때, 나는 먼저 반대했고 충실하게 감히 단념시켰습니다. 이제 어떤 수단들을 찾아 그의 치명적인 분노를 끝내십시오. 기도들로 그를 움직이거나 선물들로 그를 굴복시키십시오."

아가멤논의 회개와 화해의 선물 목록

  왕은 정의롭게 대답했다.

  "당신은 한 왕자의 잘못들을 보여주었고, 저는

이성으로 인정합니다. 제우스가 항상 가장
존중하는 그 행복한 사람은, 군대들보다 더 많고
그 자신이 한 군대입니다. 헛된 분노로 잘못을
저지른 저의 심장은, 그 분노하는 족장과 분노한
신들을 달래려 합니다. 만약 거대한 선물들이 그의
강력한 영혼을 굽힐 수 있다면, 들으십시오, 모든
그리스인들이여, 그리고 제가 맹세하는 것을
증언하십시오."

아가멤논이 제시한 화해의 선물은 엄청났다.
그가 제시한 것은 당시로서는 '레게노'급의
조건이었다.

황금 열 개와 빛나는 주형의 잔들 스무 개.
성스러운 삼각대 일곱 개.
비길 데 없는 빠른 말 열두 마리.
레즈보스 혈통의 사랑스러운 포로 일곱 명.

브리세이스를 그녀의 모든 매력들과 함께 양도.
게다가 트로이 정복 시 트로이 종족의 님프 스무
명과 일곱 개의 넓은 도시의 통치권까지 약속했다.
"이 모든 것을 저는 줍니다. 그의 복수를
통제하기 위해, 그리고 확실히 이 모든 것이 그의
강력한 영혼을 움직일 것입니다. 그가 아무리
위대할지라도 그는 복종하는 것이 어울립니다.
왜냐하면 저의 나이가 그의 것보다 많고 저의
통치가 더 많으니까요."

아킬레우스에게 보내진 사절단

네스토르는 아가멤논의 제안이 왕자에게
합당하고 관대한 왕이 하기에 적합하다고 말했다.
그리고는 사절단으로 포이닉스, 위대한 아이아스,
그리고 현명한 오디세우스를 보낼 것을 제안했다.

사절단은 고요한 밤을 통해 행진했고, 아킬레우스의 천막에 도착했다. 그들은 신과 같은 아킬레우스가 엄숙한 하프 소리에 기뻐하며 영웅들과 왕들의 불멸의 행동들을 노래하는 것을 발견했다.

아킬레우스는 그들을 환대했고, 파트로클로스에게 가장 좋은 와인과 음식을 대접하라고 명령했다. 잔치가 끝난 후, 오디세우스가 일어나 아킬레우스에게 간청했다.

"아킬레우스에게 건강이 있기를! 당신의 손님들은 행복합니다! 그러나 더 큰 보살핌들이 저희의 영혼들 위에 무겁게 앉아 있습니다. 그리스는 운명의 벼랑 끝에 모든 것이 의심스러운 채로 서 있고, 당신의 구원하는 손들 외에는 어떤 도움도 인정하지 않습니다. 돌아오십시오,

아킬레우스여, 오 돌아오십시오! 비록 늦었을지라도, 당신의 그리스인들을 구원하고 운명의 길을 멈추기 위해. 당신의 아버지 펠레우스가 주었던 유익한 조언들을 명심하십시오. '너는 너의 보살핌들을 사용하여 너의 열정들을 진정시키고 너의 분노를 정복하라.'"

오디세우스는 아가멤논의 엄청난 선물 목록을 자세히 설명하며, 명예와 구원의 기회를 강조했다.

아킬레우스의 단호한 거절

아킬레우스는 오디세우스의 간청에 단호한 결심을 담아 대답했다.

"오디세우스여, 들으라! 어떤 예술도 어떤 두려움도 알지 못하는 충실한 연설을. 어떤 사람이 한 가지를 생각하고 다른 것을 말하는 것을 감행하는 자를, 저의 심장은 지옥의 문들처럼 혐오합니다.

 싸우거나 싸우지 않거나 동등한 보상을 우리는 요구합니다. 불쌍한 자와 영웅은 그들의 전리품을 똑같이 발견합니다. 저의 모든 위험들, 저의 모든 영광스러운 고통들의, 노고의 삶이여, 보라! 어떤 열매가 남아 있는가?

 대담한 새가 무력한 새끼들을 돌볼 때처럼, 감사할 줄 모르는 그리스를 위해 그런 고난들을 저는 용감하게 견뎠습니다. 저의 사랑에서 모욕당했으니 저는 모든 제안들을 경멸합니다. 한 번 속았으니 저는 왕들을 다시는 믿지 않습니다. 그의 선물들은 혐오스럽습니다. 그런 종류의 왕들은 고귀한 마음 앞에 노예들로 서 있을 뿐입니다. 이것이 바로 '팩폭'(팩트로 폭행)입니다.

그러니 가십시오. 그리스로 우리의 확고한 구상을 보고하십시오. 아킬레우스는 여전히 정복되지 않는다는 것을 당신들은 발견할 것입니다. 저의 포이닉스가 머물든 저와 함께 항해하든, 그의 나이는 거룩하고 그의 선택은 자유로워야 합니다."

포이닉스의 슬픔에 찬 간청과 아이아스의 팩폭

포이닉스는 아킬레우스의 두 번째 아버지로서 슬픔의 눈물을 흘리며 간청했다. 그는 자신의 젊은 시절 일화와 멜레아게르의 고대 사례를 들어 분노를 제때 억제하는 것의 중요성을 설득하려 했다.

"여기서부터 배우라. 제때에 해로운 분노를 억제하는 것을. 저기 함대들이 불 속에 솟아오를 때까지 기다리지 마십시오. 선물들을 받아들이라. 너의 정복하는 검을 뽑아라. 그리고 우리의 수호신들 중에서 숭배받으라."

하지만 아킬레우스는 포이닉스의 말을 사랑으로 받아들이면서도, 아가멤논에 대한 증오를 놓지 않았다.

"나의 친구, 저를 믿으십시오. 어떤 그런 선물들도 요구하지 않습니다. 저의 친구는 저를 해치는 사람을 미워해야 합니다. 아가멤논 편에 대한 것으로 더 이상 저를 괴롭히지 마십시오."

아이아스가 참지 못하고 침묵을 깨고 '팩폭'을 날렸다.

"여기서 우리 갑시다. 왜 우리가 헛되이 시간을 낭비하는가? 그가 아무리 오만할지라도 그 철의 심장은 유지합니다. 그것의 고집스러운 목적을 그리고 그의 친구들을 경멸합니다. 엄격하고 무자비한! 한 명의 여자 노예가 너의 팔들로부터 강탈당했는데, 보라! 일곱 명이 제공되고 동등한 매력들을 가진. 너의 지붕을 존경하고 너의 손님들에게 친절해라. 그리고 그리스 군대의 모든 사람들 중에서 가치를 존중하고 너의 용맹함을 가장 소중히 여기는 사람들을 알라."

아킬레우스는 아이아스의 말에 모욕감을 느꼈다.

"당신은 잘 말했습니다. 그러나 폭군의 이름에 저의 분노가 다시 불붙고 저의 영혼은 불꽃 속에 있습니다. 그것은 정당한 분노이고 용감한 자들에게 어울립니다. 가장 비열한 노예처럼 불명예를 당하고 모욕을 당했습니다! 돌아가십시오, 그러면 영웅들이여! 헥토르의 분노에 의해 던져진 불꽃들이, 너희의 배들을 소비하고 나의 것들에 접근할 때까지. 바로 거기 격렬한 살인자는 설 것입니다. 거기서 그의 싸움을 멈추고 거기서 우리의 손을 느낄 것입니다."

 사절단은 실패한 채 왕의 천막으로 돌아갔다. 아킬레우스는 그의 포로 디오메데와 함께 휴식을 취했고, 파트로클로스는 그의 포로 이피스와 함께였다. 맹렬한 전쟁의 소음이 멈춘 밤, 두 연인은 포로와의 깊은 정서적 교감과 풋풋한 설렘 속에서 잠들었다. 그들은 서로에게 기대어 고독한 영혼을 위로했고, 그 평화로운 교감은 폭력적인 전쟁터에서 지켜야 할 이성에 대한 건전하고 긍정적인 생각의 소중함을 조용히 암시했다.

ง

디오메데스와 오디세우스의 야간 모험

시간 배경 : 27일째 되는 밤의 시간
장소 배경 : 그리스 선박들 앞 해변

아가멤논과 메넬라오스의 야간 순찰

 아킬레우스가 복귀를 거부하자, 아가멤논의 고통은 더욱 심해졌다. 그는 밤새도록 잠을 이루지 못하고, 천 개의 트로이 불꽃에서 솟아오르는 불빛을 보며 나라를 향한 걱정에 시달렸다. 그의 마음은 마치 '갑통알'(갑자기 통장을 보니 알바해야겠다)을 깨달은 듯 절망적이었다. 그는 네스토르를 찾아가 유익한 조언을 논의하기로 결심했다.

그는 사자의 노란 가죽을 두르고 창을 잡았다. 그의 동생 메넬라오스도 마찬가지로 잠을 이루지 못하고 형을 찾아왔다.

메넬라오스가 물었습니다.

"왜 저의 형제께서 빛나는 갑옷을 입으셨습니까? 이 고요한 시간 한가운데에 어떤 스파이를 보내 저 군영을 시험하고 트로이의 전력을 살피려 하시는 겁니까?"

왕이 대답했다.

"저희는 그런 곤경 속에 서 있습니다. 높은 지혜,

깊은 구상 그리고 기술을 요구합니다. 이제 그대의 성급한 길을 함대를 따라 재촉해 주십시오. 거기서 위대한 아이아스와 크레타의 왕을 불러 주십시오. 우리 자신은 백발의 네스토르에게 달려갈 것입니다. 여기서는 작위가 아니라 행동들이 우리의 가치를 증명해야 합니다."

아가멤논은 네스토르의 천막으로 달려갔다. 네스토르는 나이에도 불구하고 모든 무기들을 곁에 둔 채 잠들어 있었다. 네스토르는 왕을 반기며, 다른 족장들을 깨우고 회의를 소집하자고 조언했다. 네스토르는 이 모든 일에 '걱정좌'로서 책임감을 느꼈다.

야간 정찰 임무와 돌론의 등장

족장들은 해자를 지나 군사 회의를 열었다.

네스토르가 먼저 제안했다.

"여기 그의 삶을 위험에 빠뜨리고, 그의 나라를 구원할 만큼 그렇게 위대하게 용감한 족장이 있는가? 여기 홀로 감히 저 군영으로 가거나, 어떤 헤매는 적을 붙잡는 사람이 사는가? 만약 그가 이것을 배우고 우리의 귀족들에게 이야기하고, 밤의 위험들을 해를 입지 않고 통과할 수 있다면, 그에게 어떤 명성이 있을 것인가!"

모두 침묵했지만, 디오메데스가 말했다.

"당신들이 찾는 그 사람은 여기에 있습니다. 그러나 어떤 다른 선택된 용사가 합류하게 하십시오. 현명한 자는 현명한 자로부터 새로운 신중함을 얻고, 한 명의 용감한 영웅은 다른 사람의 불꽃에 부채질을 합니다."

디오메데스는 지혜로운 오디세우스를 선택했다.

"저의 선택은 저의 마음의 충동을 선언합니다. 위대한 오디세우스가 서 있는 동안, 그의 조언들을 빌려주고 우리의 손들을 도울 동안, 제가 어떻게 의심할 수 있겠습니까? 안전은 아테나의 보살핌인 그 족장은 전쟁의 일들에서 그토록 유명하고 그토록 무섭습니다. 그의 것과 같은 지혜는 불꽃들조차 통과할 수도 있습니다."

아테나는 길고 날개 달린 왜가리를 보내 그들의 의도를 축복했고, 두 영웅은 무장을 갖추고 길을 나섰다.

그들이 트로이 진영에 접근했을 때, 헥토르도 그의 귀족들에게 정찰병을 보내겠다고 제안하고 황금 전차와 말을 상으로 걸었다.

이때, 돌론이라는 젊은이가 나섰다. 그는 발이 빨랐지만, 얼굴의 매력으로 축복받지는 못했다.

'관종'처럼 상금에 눈이 먼 그는 헥토르에게 맹세를 받고 그리스 진영으로 향했다.

스파이 돌론의 최후와 레수스 정복

오디세우스와 디오메데스는 돌론을 발견하고 추격했다. 돌론은 그들을 헥토르가 보낸 것으로 착각하고 서두름을 멈췄다.

디오메데스가 창을 던져 일부러 빗나가게 하자, 돌론은 공포에 질려 떨며 섰다. 그는 목숨을 구걸하며 황금과 놋쇠를 약속했다.

오디세우스가 말했습니다.

"네가 누구든 대담하게 죽는 것을 두려워하지 마십시오. 밤 한가운데에 고요한 들판들을 배회하게 하는가? 헥토르에 의해 촉구되었습니까, 혹은 너의 대담한 마음입니까?"

돌론은 두려운 표정으로 트로이의 계획과 군대의 배치, 특히 트라키아인 왕 레수스와 그의 눈처럼 하얀 말들의 위치를 모두 털어놓았다.

디오메데스는 음울한 표정으로 말했습니다.

"모든 진실이 보여지더라도 살 생각은 하지 말거라. 한 번 배신자는 더 이상 배신하지 못한다."

그는 엄하게 말하고, 돌론이 간청할 틈도 없이 초승달 모양의 검으로 그의 목을 잘랐다. 돌론은 모래 해변에 머리가 없는 채로 누웠다. 돌론의 최후는 그의 '스불재'(스스로 불러온 재앙)였다.

두 영웅은 돌론의 전리품을 아테나에게 바치고, 트라키아인 진영으로 향했다. 레수스는 그의 병사들과 함께 깊은 잠 속에 펼쳐져 있었고, 겨울 눈처럼 하얀 말들이 그의 전차 뒤에 묶여 있었다.

디오메데스는 사자처럼 맹렬하게 열두 명의

트라키아인 병사들을 죽이고, 마지막으로 레수스 왕을 땅에 고정시켰다. 이 장면은 영락없는 '도파민 파티'였다. 오디세우스는 죽은 이들의 시체를 안전하게 치우고, 레수스의 눈 같은 말들을 붙잡았다.

  아테나가 나타나 디오메데스에게 말했습니다.

  "충분합니다! 내 아들아, 더 이상의 학살을 멈추라. 너의 안전을 존중하고 평화롭게 떠나라. 트로이의 적대적인 신들을 너무 멀리 유혹하지 마라."

  그들은 레수스의 말들을 몰고 승리하며 진영으로 돌아왔다. 늙은 네스토르는 그들이 돌아온 것을 알고 기뻐했고, 오디세우스는 모든 것을 자세히 보고했다. 영웅들은 승리의 기쁨 속에 와인을 마시며 앉았다.

11

세 번째 전투, 그리고 아가멤논의 활약

아가멤논, 전장의 '폼 미쳤다'

새벽이 밝아오자, 재앙을 가져오는 에리스(Eris)가 제우스의 명령으로 불화의 횃불을 들고 그리스 함대 위로 내려왔다. 그녀의 끔찍한 경보에 그리스 군중은 분노로 끓어올랐다.

인간들의 왕 아가멤논은 그리스 군대를 고무시키고, 스스로 본보기가 되어 빛나는 갑옷 속에 그의 강력한 사지들을 입혔다. 그의 방패에는 무서운 고르곤이 찡그리고 있었다. 아가멤논은 전투 초반에 모든 것을 휩쓰는 활약을 펼쳤다. 마치 불타는 더미들 속에서 숲이 쓰러지듯, 그의 분노 앞에서 적들이 가라앉았다. 그의 날카로운 검이 용사들의 생명들을 마셨다.

아가멤논의 활약은 그야말로 '폼 미쳤다'는 말이 절로 나올 지경이었다.

아가멤논은 안티마쿠스가 예전에 파리스의 황금 때문에 헬레나가 머무는 데 투표했다는 이유로 그의 아들들을 잔인하게 죽였다. 이제 승리자는 트로이 성벽에서 폭풍을 일으키려 했다.

제우스의 개입과 아가멤논의 부상

그때 제우스는 이다 산에 내려와 이리스를

보냈다.

"이리스여, 신과 같은 헥토르에게 우리의 이 말을 전달하라. 아가멤논이 황폐하게 하는 동안, 그에게 싸움을 삼가라고 명령하라. 그러나 왕이 상처를 입고 들판에서 물러날 때, 그때 제우스는 헥토르의 팔을 긴장시키고 그의 가슴을 불태울 것이다. 그런 다음 날아가는 그리스가 그녀의 배들로 압박받을 것이다."

헥토르는 제우스의 명령에 복종하여, 그의 전차에서 뛰어내려 덜 중요한 손들에게 전쟁을 맡겼다.

이때, 안테노르의 맏아들 코온이 죽은 동생 이피다마스의 시신 위에서 복수심에 불타, 왕의 팔꿈치 가까이를 찔렀다. 상처가 치명적이지 않다는 것을 알았지만, 격렬한 따끔함이 그의 가슴을 찢었다. 맹렬한 출산의 여신들(Ilythiae)이 보내는 산고처럼, 고통이 아가멤논을 덮쳤다.

고통으로 헐떡이며 아가멤논은 그의 군중에게 권고했습니다.

"오, 친구들이여! 분노한 제우스께서 너희의 족장이 머무르는 것을 금하네, 그리고 그날의 영광들 중 절반을 시기하시네."

부상당한 군주는 그의 천막으로 물러났다.

헥토르의 맹공과 영웅들의 희생

헥토르가 왕이 물러나는 것을 보자마자, '가보자고' 외쳤다.

"들으시오, 모든 다르다니아인들, 모든 뤼키아인 종족들이여! 이제 너희의 아버지들이 가졌던 너희의 고대 전리품들, 너희의 위대한 아버지들의 미덕들, 그리고 너희 자신의 것을 마음속에 두라. 제우스 자신이 정복이 우리의 것이라고 선언한다!"

헥토르의 맹공에 그리스는 절망했고, 디오메데스는 오디세우스를 불러 함께 싸우자고 했다. 그들은 헥토르의 공격을 잠시 멈추게 했으나, 곧바로 파리스가 일루스의 기념비 뒤에서 활을 쏘아 디오메데스의 발을 꿰뚫었다.

파리스는 기쁜 도약으로 뛰어나와 디오메데스를 모욕했다.

"그는 피 흘리네! 어떤 신이 나의 화살을 서두르게 했다! 같은 신이 그것을 그의 심장에 고정시켰더라면 좋았을 것을!"

디오메데스는 그를 경멸하고, '팩폭' 했습니다.

"너의 연약한 화살이 주었던 그 긁힘을 자랑하지 마라. 겁쟁이의 무기는 결코 용감한 자를 해치지 못한다."

 디오메데스가 상처를 입고 물러나자, 오디세우스는 홀로 남겨져 트로이인들에게 둘러싸였다. 그는 이 '중꺾마'(중요한 것은 꺾이지 않는 마음) 정신으로 혼자서 여러 적을 쓰러뜨렸다.

 오디세우스는 결국 상처를 입고 도움을 청했고, 메넬라오스와 아이아스가 그를 구출했다. 이 전투는 그리스에게 '웃안웃'(웃긴데 안 웃겨, 상황은 웃기지만 슬픈 현실)이었다.

파트로클로스의 등장과 네스토르의 계획

 전투가 격화되는 동안, 파리스의 화살은 현명한 의사 마카온에게도 상처를 입혔다.

 아킬레우스는 그의 배에서 이 전투를

내려다보고 있었다. 그는 파트로클로스를 보내 네스토르에게 누가 상처를 입었는지 물어보게 했다.

네스토르는 파트로클로스의 천막으로 들어오자마자, 그리스의 비통함을 토로했습니다.

"심지어 불길들이 우리의 함대를 소비할 때까지 그는 머무르고, 치명적인 불꽃의 솟아오름을 기다린다. 족장 다음에 족장이 격노하는 적에 의해 파괴되고, 그는 침착하게 지켜보고 모든 죽음을 즐긴다."

네스토르는 파트로클로스에게 아킬레우스의 갑옷을 입고 뮈르미돈인들의 줄을 이끌고 나가서, 트로이인들을 성벽으로 물러나게 하라고 간청했다. 이 제안이 파트로클로스의 관대한 심장을 움직였다.

파트로클로스는 아킬레우스의 명령을 수행하러 돌아가던 중, 상처를 입은 에우뤼퓔루스를 만났다. 에우뤼퓔루스는 "그리스는 더 이상 없습니다. 오늘 그들의 영광들은 끝났습니다"라고 절망했다. 신성한 연민이 파트로클로스의 가슴을 만져, 그는 아킬레우스의 명령을 잠시 미루고 친구를 치료하는 경건한 보살핌을 행했다. 깊은 정서적 교감을 통해 친구를 돕는 그의 행동은 전쟁 속에서도 빛나는 인류애의 소확행이었다.

12

그리스 성벽에서의 전투

신들이 세운 성벽의 약점

파트로클로스가 부상당한 친구를 돌보는 동안, 트로이인들과 그리스인들은 그리스 성벽에서 싸웠다.

그리스인들이 세운 이 성벽과 해자는 신들이 반대했기에 불운한 방어물이었다. 헥토르와 아킬레우스가 격노하는 동안에는 서 있었지만,

트로이가 멸망하고 그리스가 귀향할 때,
포세이돈와 아폴론가 이 성벽을 모래로
매끄러워지고 파도들 아래에 짓눌러 어떤 흔적도
남지 않게 할 것이었다. 이 성벽은 '스불재' (스스로
불러온 재앙)가 될 운명이었다.

폴뤼다마스의 조언과 트로이의 새로운 전술

헥토르는 회오리바람처럼 그리스인들을
몰아붙여 해자 앞에 이르렀다. 해자는 날카로워진
말뚝들로 두껍게 털이 곤두서 있었고, 말들에게는
통행할 수 없는 길이었다.

이것을 현명하게 본 폴뤼다마스가 헥토르에게
조언했다.

"오, 트로이 부대들의 대담한 지도자여! 여기서
무거운 전차들이 무슨 입구를 찾을 수 있겠습니까?

해자 속에 끼워져 우리 자신의 군대들에 의해 혼란스러워져, 하나의 뒤섞인 학살 속에서 으스러질 것입니다! 그러니 들으라, 용사들이여! 해자들로부터 너희의 말들을 뒤로 이끌라. 그런 다음 모두 내려 확고한 대형으로 끼워져, 걸어서 나아가고 헥토르는 길을 이끌라."

이 조언은 꿀잼이 될 수 있는 새로운 전술이었기에, 헥토르도 기쁨으로 따랐다. 모든 군대는 전차를 버리고 다섯 개의 구별되는 보병 부대들로 나뉘어 걸어서 성벽을 향해 나아갔다. 위대한 헥토르가 이끄는 가장 용감한 부대가 선봉에 섰다.

아시우스만이 '고답이'처럼 그의 전차를 확신하고 그의 말들을 전쟁을 향해 재촉했다. 그는 불행한 영웅이었으니, 그 바퀴들이 다시는 트로이로 돌아가지 못할 운명이었다.

제우스의 불길한 징조와 사르페돈의 연설

 아시우스가 맹렬하게 문을 향해 돌진했지만, 라피테스인 용사 두 명, 폴뤼포이테스와 레온테우스가 두 개의 키 큰 떡갈나무들처럼 성벽들 앞에 솟아 그 충격을 견뎠다.

 그때 헥토르와 폴뤼다마스는 제우스의 불길한 징조에 멈춰 섰다. 독수리가 피 흘리는 뱀 한 마리를 발톱에 묶은 채 날고 있었는데, 뱀이 독수리의 목을 찔렀고, 독수리는 그 치명적인 먹이를 떨어뜨리고 외침과 함께 날아갔다. 군대 한가운데에 떨어진 뱀을 보고 모두들 공포에 질렸다.

 폴뤼다마스가 말했다.

"제우스께서 우리에게 경고하셨으니, 승리하는 독수리는 빼앗는 것은 허용되었지만 전리품을 소유하는 것은 아니었습니다. 더 많은 비통함들이 뒤따를 것이고 더 많은 영웅들이 피 흘릴 것입니다."

헥토르는 경멸로 대답했다. 그의 눈은 분노로 불타올랐다.

"무슨 비겁한 조언들이 너의 광기를 움직이려 하는가? 제우스의 말, 드러난 의지에 맞서? 나는 높은 하늘의 지시들에 복종하는 동안. 어떤 신호 없이 그의 검을 용감한 사람은 뽑는다. 그리고 그의 나라의 대의 외에는 어떤 징조도 묻지 않는다."

헥토르는 격렬하게 말했고, 군중은 그 부름에 복종했다.

위대한 사르페돈은 이 혼란 속에서 탑처럼

솟아오르며 그의 친구 글라우코스에게 '인생작'이 될 만한 명연설을 했다.

"글라우코스여, 왜 우리는 우리의 확장된 통치를 자랑하는가? 왜 우리는 그 해변들 위에서 기쁨으로 살펴봐지고, 영웅들로 감탄받고 신들처럼 복종받는가? 만약 위대한 행동들이 우월한 가치를 증명하지 않는다면? 우리가 쓰러지더라도 용감하게, 그리고 우리가 산다면 영광스럽게, 혹은 우리가 영광을 얻거나 영광을 주게 하라!"

사르페돈의 말은 뤼키아인 군대를 불타오르게 했다.

헥토르의 최종 돌파

아이아스는 성벽 위에서 트로이인들에게 돌 소나기를 퍼부었다. 그는 에피클레스를 거대한 바위 조각으로 쓰러뜨렸다. 테우케르의 화살이 글라우코스의 팔에 상처를 입히자, 그는 마지못해 물러났다.

사르페돈은 난간으로 날아가 완전한 힘으로 난간을 잡아당겼다. 무거운 돌들이 굴러떨어졌고, 강력한 구멍이 나타나 홍수처럼 전쟁이 돌진해 들어왔다.

그러나 최종적인 영광은 헥토르의 몫이었다. 그는 무거운 돌을 던지기 위해 들어 올렸다. 두 명의 강한 남자도 들어 올릴 수 없었을 그 엄청난 무게를 그는 신의 도움으로 쉽게 던져 접힌 문들을 향해 천둥을 치며 몰아붙였다. 단단한 들보들이 양보했고, 문들이 산산조각 났다. 헥토르의 힘은 '레게노'급이었다.

이제 돌진해 들어와 격렬한 족장이 나타났다.

밤처럼 음울하고, 그의 밝은 갑옷으로부터 무서운 섬광이 나왔으며, 그의 눈들로부터 살아있는 불꽃이 번쩍였다. 그는 신처럼 움직였다. 뒤따라 쏟아져 벌어진 공간을 통해 트로이인들의 조수가 흐르고, 그리스인들은 바라보고 그들은 떨며 달아났다. 해변은 죽음으로 쌓였고 소란이 하늘을 찢었다.

13

포세이돈의 도움과 이도메네우스의 활약

 트로이의 영웅 헥토르가 마침내 그리스군의 방벽을 뚫고 진영 안으로 진입했다. 그리스 진영의 패배를 염려한 바다의 신 포세이돈은 곧바로 개입을 결정했다. 그는 먼저 예언자 칼카스의 모습으로 변신해 영웅들의 '중꺾마' 정신을 일깨웠다.

포세이돈이 그리스인들을 돕다

  제우스가 벼락을 던지며 트로이의 위대한 헥토르와 그의 정복군을 바다 옆 해안에 묶어 두었을 때, 그는 피비린내 나는 싸움 속에서 그들이 하루 종일 고통받고 싸우도록 내버려 두었다.
  바로 그때, 물의 군주 포세이돈은 벼락을 던지는 신 제우스를 예의주시하고 있었다.
사모트라키아의 산마루, 흔들리는 숲들이 아래 깊은 바닷속을 덮고 있는 그곳에 그가 앉아 있었다.

포세이돈이 그리스인들을 격려하다

  단단한 땅을 흔드는 지진의 신 포세이돈은 이제 필멸의 형태를 취했다. 그는 예언자 칼카스처럼 보였다. 그의 끊임없는 외침은 모든 그리스인에게 용기를 불어넣었지만, 특히 아이아스 형제에게는 불에 불을 더하는 격이었다.

　바다에서 솟아오른 포세이돈이 말했다.

　"용사들이시여! '중꺾마' 정신으로 우리의 모든 희망을 드높일 분들은 바로 당신들입니다! 당신들의 오랜 용기와 명성을 다시 기억하십시오! 당신들이 두려움을 멈춘다면 우리를 구원하는 것도 당신들의 몫입니다. 바로 이 전선이 무너진다면, 그리스의 힘은 '이생망'(이번 생은 망했다)이 될 것입니다. 저기 헥토르는 불길처럼 격노하며 제우스를 등에 업고 있습니다. 만약 하늘의 힘이 아직 당신들의 가슴을 뛰게 한다면, 심장에 새로운 숨결을 불어넣고 팔을 움직이십시오. 그리스는 살아남을 수 있고, 위협받는 함대를 지킬 수 있습니다. 그렇게 된다면 헥토르의 힘과 제우스의 도움도 '어쩔티비'가 될 것입니다!"

신은 이렇게 호전적인 불꽃을 깨웠습니다.

 "오늘 이 전투가 당신들이 잃는 모든 것이라고 여기지 마십시오. 명성이나 숨결을 소중히 여기는 자는, 끝없는 불명예 대신 즉각적인 죽음에 대해 각자 반성하게 하십시오. 왜냐하면 보십시오! 운명이 지어진 시간이 정해진 해변에 있습니다! 들어라! 문들이 터지고 놋쇠 장벽들이 포효하네! 격렬한 헥토르가 성벽에서 천둥을 친다! 정복하거나, 혹은 쓰러져야 할 그 시간, 그 장소다."
 이 말들은 그리스인들의 기절하는 심장들에 영감을 불어넣었고, 경청하는 군대들은 신과 같은 불꽃을 붙잡았다.

아이아스 형제와 트로이군의 격돌

 대담한 아이아스는 자신의 자리에 확고히 서 있었다. 그들의 대형은 너무나 밀접했고 싸움은 너무나 정돈되어 있어서, 팔라스 아테나 자신도 고정된 기쁨으로 바라봤을 정도였다.

 그들에게 전쟁은 기울어졌고, 다트들은 뿌려졌으며, 그들의 모든 초승달 모양의 검들이 그의 머리 주위로 흔들렸다. 격퇴당한 그는 서 있었고, 자신의 자리에서 물러나지 않았다. 그러나 반복되는 함성들로 자신의 군대를 불태웠다.

 메리온이 데이포부스에게 창을 던졌지만 부러졌고, 그는 '마상'(마음의 상처)을 입고 물러났다.

임브리우스와 암피마쿠스의 죽음

테우케르가 임브리우스를 죽이고 헥토르가 암피마쿠스를 죽였다.

포세이돈과 이도메네우스의 만남

바다의 신은 엄격한 경멸로 불타올랐고, 그의 손자가 죽임을 당한 것에 대한 슬픔으로 꿰뚫려, 그리스인의 심장들에 영감을 불어넣었다.

왕, 이도메네우스가 그리스에게 말했다.

"어떤 비난도 던져지지 않게 하십시오. 무기는 그녀의 직업이고 전쟁은 모두 그녀 자신의 것입니다. 아, 아아! 하늘입니다! 그리고 제우스의 전능한 운명입니다. 우리가 우리의 고향으로부터 멀리 멀리 떨어져 영광 없이 쓰러지기를 원합니다.

오, 나의 친구여! 한때 싸움에서 맨 앞이었고 여전히 무기나 조언을 빌려주기에 기꺼이였으니, 이제 당신의 최선을 다하고, 당신이 홀로 할 수 없는 것을 나머지를 재촉하십시오."

포세이돈이 대답했다.

"아! 결코 그가 그의 고향 땅을 보지 못하게 하라! 하지만 이 혐오스러운 해변에서 독수리들을 먹이게 하라! 영광 없이 그의 배들 속에 머물려 하고, 이 신호의 날에 싸우기를 감히 하지 않는 자는! 이것을 위해 보라! 끔찍한 무기들 속에서 나는 빛나네, 나의 것과 경쟁할 행동들로 너의 영혼을 재촉하네. 함께 우리는 평원에서 싸우자. 두 명은 최악이 아니며, 심지어 이 도움도 헛되지 않으리. 그들의 힘이 연합한다면 가장 약한 자도 헛되지 않고, 우리의 것은 가장 용감한 자들이 싸움에서 고백했네."

이도메네우스가 그의 천막에서 그의 친구 메리오네스를 만났다.

이도메네우스가 메리오네스에게 말했다.

"그런 시련들에서 당신의 흠 없는 가치가 알려졌고, 위험한 전쟁의 모든 예술이 당신의 것입니다. 싸움에 의해 어떤 상처들을 당신이 입었더라도, 그 상처들은 모두 영광스러웠고 모두 앞에 있었습니다. 왜 영광의 매력들에 차가운 아기들처럼, 우리가 이야기하기 위해 서 있는가? 영광이 무기들로 부를 때? 가보자고!"

크레타 왕의 활약

이도메네우스와 메리오네스가 좌측에서 트로이군을 공격하였다.

이도메네우스의 첫 번째 희생자: 오트뤼오네우스

먼저 그의 손에 의해 오트뤼오네우스가 죽임을 당했으니, 거짓된 희망들로 부풀어 오르고 미친 야망으로 헛된 것이 되었다. 카산드라의 사랑을 그는 찾았으니, 힘의 허풍들과 함께 그리고 약속된 정복이 제안된 지참금이었다. 왕은 그의 허풍들에 의해 속아 동의했지만, 운명들은 거부했다. '스불재'였던 것이다.

이도메네우스의 두 번째 희생자: 아시우스

이것을 아시우스가 보았으니 참을 수 없었고, 그의 전차 앞에서 평원에서 싸웠다. 신중한 크레타인은 그의 적이 가까이 다가올 때, 그의 목구멍에 정통으로 강력한 창을 발사했다. 턱 아래로 그 끝이 미끄러지는 것이 보였고, 그리고 반대편에서 돌출된 채 반짝였다. 아시우스는 쓰러졌다.

이도메네우스의 세 번째 희생자: 알카토우스

아이네이아스가 그 광경에 격분하여 싸움터로 달려왔다. 이도메네우스는 아이네이아스가 신으로부터 나왔고 필멸의 것 이상으로 대담하니, 그는 젊음 속에서 신선하고 나는 무기들 속에서 늙었다며 경계했다.

헥토르가 재집결하다

그리고 위대한 헥토르는 그의 군단들이 어떻게 항복하는지 알지 못했으니. 아이아스들이 지키는 곳, 로크리스인 궁수들이 화살을 날리는 곳에서 전투는 이어졌다.

로크리스인 궁수들은 밀접한 교전에서 익숙하지 않은 종족이었지만, 멀리서 날아가는 화살을 날리는 데 능숙했고, 이것들로 능숙하게 그들은 확실한 상처를 겨냥하고, 멀리 있는 용사를 땅에 쓰러뜨렸다. 그들의 활약은 진정한 '알잘딱깔센' (알아서 잘 딱 깔끔하고 센스있게)이었다.

현명한 폴뤼다마스는 위대한 헥토르에게 다시 조언했다.

"비록 모든 것에서 위대하지만 당신은 충실한 친구에게 공정한 청중을 빌려주는 것을 싫어하는 것처럼 보입니다. 저는 두렵습니다. 그리스가 아직 망하지 않고 마지막으로 굴러간 태양의 큰 빚을 갚을까 봐. 아킬레우스, 위대한 아킬레우스는 아직 남아 있습니다. 저기 갑판들 위에 그리고 아직 평원들을 내려다보고 있습니다!"

그 조언은 기쁨을 주었고 헥토르는 한 번 뛰어오르며, 그의 전차에서 떨리는 땅 위로 뛰어내렸다.

헥토르는 파리스를 강하게 꾸짖었다.

"불운한 파리스여! 여인들에게 노예가 된 너! 얼굴은 매끄럽지만 마음은 사기꾼 같은 너!"

파리스가 대답했다.

"나의 형제이자 나의 친구여! 당신의 따뜻한 참을성 없음이 당신의 혀를 모욕하게 만듭니다. 다른 전투들에서는 저는 당신의 비난을 받을 만했습니다. 이제 '가보자고'! 성공적으로 당신의 영혼이 영감을 주는 곳으로. 이 심장과 손은 당신의 모든 불꽃들을 뒷받침할 것입니다. 죽음이 죽음으로 지불될 때까지 그리고 타격이 타격으로!"
 그들은 다시 맹렬하게 섞였다. 멀리 평원들 위로 무시무시한 순서로 밝게, 놋쇠 무기들이 빛나는 빛을 반사했다. 그들은 아이아스에게 돌진했고, 하늘의 오목한 부분을 찢는 함성이 울려 퍼졌다.

〈II권〉에 계속

003 · 1/3

fly over an apartment with silver wings

일리아스 I

2025년 11월 3일　　초판 발행

저　자	호메로스
편역자	제미나이 · S
발행인	송광헌
기획자	송재준
펴낸곳	**복두(더)**
	출판등록	1993년 11월 22일 제10-902호
	주소	서울 영등포구 경인로82길 3-4 807호
	전화번호	02-2164-2580 팩스	02-2164-2584
	이메일	info@@bogdoo.co.kr
	홈페이지	www.bogdoo.co.kr

ISBN 979-11-6675-669-6 (04890)
ISBN 979-11-6675-668-9 (04890) (세트)

값 6,000원

- 이 책은 저작권법에 따라 보호를 받는 저작물이므로 무단 전재와 복제를 금합니다.
- 이 책 내용의 전부 또는 일부를 이용하려면 반드시 지은이와 복두출판사의 동의를 받아야 합니다.